LETTRES

A L'AUTEUR

DES

LEÇONS DE GRAMMAIRE

ET DE MORALE

A L'USAGE DES SOURDS-MUETS.

« EPHPHETA..... OUVREZ VOUS..... »
Ouvrez-vous, oreilles qui avez le bonheur d'entendre!.....
Ouvrez-vous, et entendez la voix de la justice et de l'humanité.

PREMIÈRE PARTIE.

PRIX : 1 FR. 25 C.

A PARIS,
CHEZ GUSTAVE PISSIN, LIBRAIRE,
PLACE DU PALAIS-DE-JUSTICE, N° 1.

JANVIER 1835.

Quelques personnes ont trouvé que j'insiste beaucoup trop sur l'enseignement de la religion.

Peut-être pourraient-elles penser que, m'occupant uniquement de cet objet depuis dix à douze années, il est possible que j'aie des raisons très graves et très solides pour en agir ainsi.

Je puis me tromper :.... mais sont-elles infaillibles,.... surtout lorsqu'elles accordent à peine quelques secondes à l'examen d'une question qui est constamment présente à mon esprit, et à laquelle je rapporte TOUT, ABSOLUMENT TOUT ce que je puis avoir vu, avoir su, voir, savoir, apprendre, remarquer, ouïr-dire, etc., etc.?

Je les conjure de fixer leur attention notamment sur la page 27, troisième paragraphe.

Je crois qu'un homme qui traiterait avec quelque soin le sujet suivant, ferait un discours dont l'importance égalerait le haut intérêt :

« Déterminer combien de fois l'éducation des sourds-muets doit « être plus soignée que celle des parlans, sous le rapport de la morale « et de la religion, pour que, durant toute leur vie, ces infortunés « aient *seulement* autant de souvenirs de leurs principes immuables « que la plupart des hommes qui entendent et parlent. »

Le moindre travail sur ce sujet serait d'une grande utilité, et donnerait probablement lieu à des observations et à des réflexions aussi neuves qu'intéressantes.

Je recevrai avec plaisir et reconnaissance tout ce que l'on m'enverra qui se rattachera plus ou moins à cette question, qui me paraît bien digne de l'attention et de la méditation des vrais philosophes et des amis sincères de l'humanité.

Tout doit être toujours affranchi, et adressé à M. G. Pissin, libraire.

TABLE DES MATIÈRES.

LEÇONS

DE GRAMMAIRE ET DE MORALE

A L'USAGE DES SOURDS-MUETS, ETC.,

PAR M. PISSIN-SICARD. (1)

Beaucoup d'autres livres peuvent faire connaître Dieu à ceux qui entendent :.... mais celui-ci seul peut le faire connaître à ceux qui n'entendent pas.

Beaucoup d'autres livres peuvent faire bénir Dieu par ceux qui parlent :.... mais celui-ci seul peut le faire bénir par ceux qui ne parlent pas.

Oreilles qui avez le bonheur d'entendre, ouvrez-vous aux soupirs des infortunés qui n'entendent pas.

Bouches qui avez le bonheur de parler, ouvrez-vous en faveur des infortunés qui ne parlent pas.

LETTRES

A L'AUTEUR

DES

LEÇONS DE GRAMMAIRE ET DE MORALE,

A L'USAGE DES SOURDS-MUETS. (1)

RÉFLEXIONS PRÉLIMINAIRES.

J'AI annoncé UN LIVRE

DESTINÉ à rendre l'éducation des sourds-muets PLUS FACILE, MOINS LONGUE ET PLUS CERTAINE;

COMPOSÉ surtout en faveur de ceux qui, déjà sortis des écoles, sont désormais réduits à eux-mêmes pour perfectionner et achever leur éducation;

QUI renferme beaucoup de choses que MM. les ecclésiastiques ne peuvent désormais ignorer sans honte et sans douleur pour la religion;

LE PREMIER (après ceux de l'abbé de l'Épée et de l'abbé Sicard) qui ait été réellement destiné à former l'esprit et le cœur des sourds-muets, et à être mis entre leurs mains;

(1) On souscrit, moyennant 3 francs pour 12 livraisons, chez GUSTAVE PISSIN, LIBRAIRE; place du Palais-de-Justice, n° 1, A PARIS. Les 12 premières livraisons sont en vente.

En un mot, UN LIVRE non seulement UTILE ET NÉCESSAIRE, mais encore **INDISPENSABLE**,

Et tellement *indispensable*, que, SANS LUI (jusqu'à ce qu'il en existe un meilleur dans le même genre), IL EST IMPOSSIBLE,... MÊME AUX PLUS HABILES INSTITUTEURS, de donner une éducation passable aux sourds-muets en cinq et six années, et que, par conséquent, toutes les sommes *énormes annuelles* que le gouvernement, les départemens et les familles consacrent au soulagement de cette classe si intéressante, SONT PRESQUE TOUT-A-FAIT INUTILES. (*Je crois avoir été jusque là dans une lettre à M. le Ministre de l'Intérieur, le croyant justement désireux de connaître en peu de mots* TOUTE LA VÉRITÉ.)

. . . .

. . . .

. . . .

Mais quel est l'auteur d'un ouvrage un peu sérieux qui n'a pas la plus haute opinion du fruit de ses veilles, de ses méditations et de sa longue expérience?

Quel est l'auteur qui, malgré son extrême modestie, n'est point *forcé d'avouer* qu'il a été plus heureux que tous ceux qui l'ont précédé, et *de compter* pour son livre sur un accueil des plus satisfaisans?

. . . .

D'un autre côté, toutes mes assertions ne pourraient-elles pas être attaquées et fortement contestées?

Ne pourrait-on pas dire que plusieurs autres ouvrages, *qui ont eu le plus grand succès*, ayant paru, même après ceux des deux illustres inventeurs, le mien n'est que le troisième, quatrième, ou même dixième?

Que tels et tels livres, *déjà si avantageusement con-*

nus, sont INCONTESTABLEMENT plus propres à former l'esprit et le cœur des sourds-muets,.... et bien plus spécialement destinés à être mis entre leurs mains?

Enfin que, loin d'être utiles, nécessaires et indispensables, mes *Leçons de Grammaire et de Morale* seraient plutôt NUISIBLES?

Ne peut-on pas dire TOUT CE QUE L'ON VEUT?

. . . .

. . . .

. . . .

Ces réflexions m'ont convaincu de la nécessité de faire connaître le jugement qu'en ont déjà porté *quelques unes* des personnes les plus capables de l'apprécier, et les plus dignes de faire autorité en pareille matière.

Les septième, huitième et neuvième feuilles pouvant à peine être parvenues aux provinces, je n'ai encore reçu que peu de lettres; mais j'ai lieu d'espérer que tous les instituteurs et institutrices auront la bonté de me faire part de leur opinion aussitôt qu'ils auront reçu la douzième.

Je ne veux ni me tromper moi-même, ni, beaucoup moins encore, tromper le public : c'est LA VÉRITÉ SEULE que je désire, et que je réclame de mes collègues, au nom même de leur propre réputation. Leurs lettres devant être imprimées à la suite de celles-ci, il me paraît évident que ceux qui se seront manifestement trompés *pour ou contre* auront fait preuve de peu de savoir, de jugement ou d'expérience.

Il me semble même que l'on ne saurait garder le silence sans s'exposer à être soupçonné de faiblesse, ou de bien peu de dévouement aux malheureux sourds-muets. L'art de les instruire est sans doute encore très-peu avancé ; mais c'est une raison de plus pour se tenir en garde contre tout système, contre tout ouvrage qui tendrait à éloigner de la véritable route ; et l'on doit en savoir assez pour juger si un livre de la nature de celui que je fais imprimer doit être *évidemment utile* ou *évidemment nuisible*,.... ou, tout au moins, PLUTÔT L'UN QUE L'AUTRE.... (toujours d'après ce que l'on aura vu.... *seulement*,.... cela va sans le dire).

PREMIÈRE LETTRE.

La lettre suivante est l'ouvrage d'un sourd-muet âgé d'environ vingt ans, élève de *M. l'abbé Chazottes*, instituteur à Toulouse. — Je commençai son éducation en 1823, et, deux années après, il fut confié à son maître, auprès de qui il a le bonheur de se trouver encore.

Si, comme l'on ne peut en douter, *M. l'abbé Chazottes* fait plusieurs élèves comme celui-ci, sa méthode est sans contredit infiniment supérieure à toutes celles que l'on a suivies jusqu'à ce jour dans les diverses écoles de France, et probablement de l'Europe entière.

On la copie ici telle qu'elle a été écrite, sans y faire la moindre correction ni le moindre changement.

Toulouse, le 12 décembre 1834.

« MON TRÈS CHER PISSIN-SICARD ET EXCELLENT PÈRE DES SOURDS-MUETS,

« Après avoir goûté pour la première fois l'ineffable bonheur en lisant et en relisant votre lettre du 29 octobre dernier, il ne me restait plus que la douleur de ne pouvoir vous répondre, puisque vous n'avez pas fait attention à me donner votre adresse à Paris. Je devais me consoler de ce malheur par la commodité de l'aimable Perrin (1), en lui demandant de me la faire savoir; mais il n'a pu assez me satisfaire. Ce bon enfant m'a convaincu que vous n'étiez déjà plus à Paris, et que vous aviez formé le projet d'aller apporter quelques consolations à la vieillesse de votre mère. Je n'ai donc pas mal fait d'ajouter foi à ses assurances jusqu'à ce moment inattendu où j'ai reçu les 4 livraisons de votre ouvrage.... Que dis-je? quel ouvrage! Oh! pardonnez-moi, tendre Pissin-Sicard, pardonnez à l'excès de ma reconnaissance.... Je ne sais plus résister au charme qui m'entraîne,.... et tout mon cœur se bat,.... et je ne puis pas vous dire de quoi il se bat.... C'est qu'il me manque des mots pour vous l'exprimer.... J'ai lu avec avidité votre ouvrage,

(1) Un autre jeune sourd-muet dont on verra, ci-après, quelques lignes.

et il me semble que c'est moins votre ouvrage que des lignes tracées par votre main, qui ne sont que les ombres de vos pensées : mais il me semblait que je vous écoute de vive voix, ou plutôt que je lis toute votre ame, trésor de pureté, trésor de modestie et trésor de compassion (1); et je suis sur

---

(1) Je laisse subsister toutes ces expressions, *d'abord* pour ne faire aucun changement à sa lettre, et *ensuite* pour donner une idée du cœur des sourds-muets et de l'opinion qu'ils ont de leurs maîtres, lorsque ceux-ci ont eu pour leurs élèves une faible partie des sentimens dont ils devraient être pénétrés, et ne leur ont jamais donné que des exemples convenables.

Oh! si l'on savait combien il serait facile de les rendre bons et heureux! Si l'on savait de combien de milliers de caresses et de témoignages d'amour (que le cœur seul peut inspirer) ils payent le peu d'attachement sincère que l'on a pour eux!.... Non, il n'y aurait pas en France trente écoles, peut-être plus ou moins pitoyables, mais il y en aurait TROIS ET QUATRE CENTS (et certes ce ne serait point trop); oui, nous posséderions dans cette chère patrie.... (qui serait si belle, si l'on parvenait à étouffer l'indifférentisme universel qui l'avilit et la dévore!....) nous posséderions bientôt trois et quatre cents séjours de l'innocence, de la simplicité, de la paix, de la reconnaissance et du bonheur.

O vous qui avez des entrailles! vous qui sentez tout le bonheur que l'on goûte à aimer et à être sincèrement aimé et ADORÉ!.... tendez,.... tendez le cœur et la main à deux, trois, vingt, trente, quarante sourds-muets; aimez-les, aimez-les sincèrement, et ils vous aimeront, et ils vous le diront, et ils vous le témoigneront de mille manières, toutes plus ingénieuses les unes que les autres;.... et vous verrez comme le cœur a de l'esprit!!!

MON DIEU! pourquoi le laissez-vous ignorer à tant d'ames pieuses qui veulent réellement vous servir en esprit et en vérité?.... Les

le point de me consumer par le feu de votre charité immense.

« En un clin d'œil et sans effort, je me reporte au souvenir du passé, aux premières années de mon instruction, à ces momens si doux où, pour la première fois, vous nous avez exprimé le mystère adorable de LA SAINTE TRINITÉ !.... (1) Je ne passerai

---

maisons religieuses ne devraient-elles pas être consacrées surtout à ces innocentes brebis, qui deviennent si facilement la proie des loups ravissans?.... Vous l'avez dit, ô VÉRITÉ ÉTERNELLE ! « Ce n'est point « pour leurs péchés ni pour ceux de leurs parens qu'ils sont sourds-« muets ;.... mais afin que votre gloire se manifeste.... » Eh ! ne se manifesterait-elle pas de la manière la plus éclatante, et la plus satisfaisante pour votre cœur paternel, si toutes les maisons des saints devenaient les asiles de l'innocence et de la piété la plus douce et la plus tendre?.... si toutes les maisons des saints retentissaient continuellement de l'hymne sacré du silence, de l'adoration et de l'amour?....

. . . .

. . . .

(1) C'était, je crois, au commencement de 1824; cet enfant avait tout au plus neuf ans. Je ne l'ai pas revu depuis lors : c'est la seconde lettre qu'il m'écrit, et il se souvient encore de ma première leçon sur le plus incompréhensible de tous les mystères. — Voilà de quoi bien abasourdir tous les faiseurs *de nomenclature*,.... *d'idéologie*,.... *de génération des idées*,... *du plus connu au moins connu*,... etc., etc., et de tant d'autres utopies. — Ces choses-là sont-elles mauvaises en elles-mêmes? — Non sans doute ; mais elles deviennent effrayantes de matérialisme et d'absurdité, par l'abus inouï d'ignorance et de pédantisme que l'on en fait, quand on n'a jamais vu deux sourds-muets en face,.... ou, ce qui revient au même, quand on ne les a vus que des yeux du corps.

pas sous silence (ô souvenir trop précieux!....) ces quinze jours que j'ai passés avec vous à *Ceignac* (1).... Nous étions trois petits enfans conduits à la campagne, au milieu des merveilles de la nature vivante, par un homme qui fut pour eux plus qu'un père!.... là nous avons étudié toute la vie de NÔTRE SEIGNEUR JÉSUS-CHRIST!.... (2) SUBLIME CON-

---

(1) Petit village à une lieue de RODEZ (Aveyron).

(2) Voilà ma première nomenclature, voilà mes idées premières et fondamentales, mes *idées-mères* (comme disent les rêveurs), qui en engendrent des milliers d'autres, et auxquelles on peut rattacher toutes celles qu'il est possible d'imaginer. — Y a-t-il un seul mot, une seule expression, une seule difficulté, de quelque nature qu'on la suppose, qui ne puisse trouver place dans la vie de JÉSUS-CHRIST?

Voilà donc *mon plus connu*, voilà par où je commence et par où je finis : JÉSUS L'ALPHA.... ET JÉSUS L'OMÉGA.

O mes chers enfans sourds-muets! puisse-t-il être aussi votre PLUS CONNU, et votre BIEN-AIMÉ par-dessus tout!

Puisse-t-il être votre connaissance unique, parce que c'est la seule nécessaire!

Puisse-t-il être l'unique objet de vos pensées, de vos désirs et de toutes vos affections!

Puissent la connaissance, l'amour et les bénédictions de CE DIVIN MAÎTRE, vous consoler dans toutes vos peines,.... dans les contrariétés sans nombre auxquelles vous êtes exposés,.... dans toutes ces circonstances, qui se renouvellent si souvent pour vous!.... où l'on vous trompe, — où l'on se joue de votre innocence et de votre simplicité, — où l'on vous dit tout ce que l'on devrait vous cacher, et où l'on vous cache tout ce que l'on devrait vous dire, — où l'on vous gronde et vous rebute, parce que l'on ne vous comprend pas; — où l'on vous calomnie atrocement, sans craindre que vous puissiez jamais

NAISSANCE QUI, DEPUIS LORS, EST TOUJOURS GRAVÉE DANS MA MÉMOIRE!.... (1) Aimable souvenir qui

---

faire connaître la vérité; — En un mot, dans toutes les circonstances où l'on vous maltraite de mille manières!

Pauvres sourds-muets! vous serez toujours dévorés par les loups qui vous environnent : soyez donc toujours agneaux. — Regardez L'AGNEAU DE DIEU; imitez sa douceur inaltérable et sa patience invincible; et après quelques jours, quelques heures de souffrances, C'EST LUI, C'EST LUI-MÊME qui vous recevra dans le séjour de la paix, de la gloire, de l'amour et de l'immortalité.

(1) Mais comprennent-ils tout ce qui concerne la religion? — Voilà la grande question que l'on oppose au sens commun et à l'expérience même;.... et voici la réponse : SUBLIME CONNAISSANCE QUI, DEPUIS LORS, EST TOUJOURS GRAVÉE DANS MA MÉMOIRE!....

Comprenait-il,.... celui-là,.... la vie DU DIVIN MAÎTRE?....

Et pense-t-on que je ne travaillais que pour lui seul?

J'avais quarante élèves : j'en pris trois avec moi dans une retraite. En deux ou trois semaines, je composai (*j'arrangeai*) une vie de J.-C. proportionnée à mon école. Je l'expliquai par signes à mes trois petits enfans, et je rentrai dans ma classe avec trois répétiteurs.

Ceux-ci l'ayant vue deux ou trois fois, croyaient la savoir, et répétaient mes leçons avec assurance.

Tous les autres ne doutèrent point qu'ils ne pussent en faire autant,.... et nous la dévorâmes.

Et d'ailleurs, en se faisant homme, en s'abaissant à la condition de l'humanité, que notre lâcheté et notre malice rendent si misérable, JÉSUS-CHRIST n'a-t-il pas matérialisé toute la religion? — Ne s'est-il pas levé? ne s'est-il pas couché? — N'a-t-il pas bu, mangé, travaillé? — N'a-t-il pas été soumis à Marie et à Joseph? — N'a-t-il pas souffert? — N'a-t-il pas été obéissant jusqu'à la mort, et à la mort de la croix? (Eh! de grâce, ne leur enseignons que cela; ne leur enseignons qu'à obéir et à souffrir!.... ou plutôt à profiter de leurs souffrances;.... car ils souffriront toujours assez!....) — N'a-t-il pas fait tout ce que nous pouvons, et par conséquent tout ce que nous

inonde mon ame des douces larmes de la gratitude!.... GRAND DIEU! vous dont on ne peut prononcer qu'avec respect et avec crainte le nom trois fois saint! vous qui voyez tout jusqu'au fond de nos ames!.... jugez quelle reconnaissance ne dois-je pas à celui qui a formé mon faible esprit jusqu'à connaître et adorer votre volonté immuable!....

---

devons faire nous-mêmes? — Avant d'enseigner, n'a-t-il point pratiqué? N'a-t-il pas donné l'exemple de toutes les vertus?.... Et s'il a donné l'exemple, il a été *visible*, *palpable*;.... et si les sourds-muets ont *des yeux* et *des mains*, pourquoi ne pourraient-ils pas *voir* et *toucher* CE DIVIN MODÈLE?.... O misère! ô nuit affreuse qui enveloppe les enfans d'Adam!....

Cela signifie-t-il qu'il suffit de faire quelques mouvemens des bras et des jambes pour que tout soit compris et retenu à jamais?....

Cela signifie-t-il que tous les curés ou vicaires de village peuvent, en une ou deux heures par semaine, et comme par manière de distraction et de passe-temps, enseigner le catéchisme aux sourds-muets?....

Nous voilà bien tous, pitoyables jouets de nos pitoyables illusions!.... D'UN EXTRÊME A L'AUTRE!.... *Le juste-milieu* sera long-temps, sera toujours un phénomène : mais, au nom du ciel! tâchons de nous en rapprocher.

CELA SIGNIFIE QU'UN INSTITUTEUR qui sait passablement les deux langues (celle qu'il veut enseigner, et celle qui est naturelle et propre à ceux qui doivent apprendre la sienne),.... et qui s'occupe de ses élèves durant *huit à dix heures* par jour, avec intelligence et application, et surtout avec la volonté ferme et constante d'en faire uniquement de bons chrétiens,.... PEUT LEUR ENSEIGNER SUFFISAMMENT LE CATÉCHISME EN HUIT ANNÉES, — ET EN SIX ANS, QUAND IL AURA UN LIVRE ÉLÉMENTAIRE A METTRE ENTRE LES MAINS DE SES ENFANS.

Mais comme les élans de mes sentimens sont stériles !.... Comblez de vos bénédictions cet homme que vous m'avez envoyé pour ouvrir l'aurore de mon avenir ! Oui, vous nous l'avez envoyé comme l'instrument de VOTRE PROVIDENCE PATERNELLE ; et il a donné sa vie pour le bien-être de mes pauvres frères d'infortune. Avant que votre justice admirable fasse briller sur son front l'auréole de l'immortalité, prolongez des jours si précieux !.... qu'il coule une vie pure et sereine comme un ciel sans nuages !.... que sa vie soit comme la source bienfaisante qui porte la fertilité partout où elle passe !! O mon Dieu ! couvrez-le de votre main protectrice, et exaucez-le jusque dans le moindre de ses vœux !....

« Mon tendre et cher Pissin-Sicard, daignez croire à l'épanchement de mon cœur, et ne pas me faire de douleur en pensant que j'exagère :.... ces lignes que je trace,.... ces sentimens, échos muets de mon ame, sont bien faibles, à la vérité ; mais rien cependant n'égale la chaleur de la reconnaissance qui me tourmente. Parlerai-je du bonheur inexprimable que j'ai ressenti en recevant votre lettre ?.... Dirai-je de quels sentimens mon cœur s'agitait en la lisant ?.... Elle m'a pénétré de respect et d'admiration. Je ne regarde pas cette lettre comme écrite de la main d'un homme, mais de celle d'un saint,.... qui a toujours devant ses yeux

L'ENFER ET L'ÉTERNITÉ,.... comme *saint Jérôme*, qui croyait à chaque instant voir arriver le jour formidable du dernier jugement.

« Qu'il est terrible! qu'il est effrayant d'entendre cet anathème : MAUDITS, RETIREZ-VOUS DE MOI!!!

« Je me recommande donc à vos prières : priez Dieu, afin qu'il me fasse la grâce de ne pas ouvrir mes oreilles pour (l') entendre.

« Adieu, mon très cher Pissin-Sicard ; je ne vous demande que de venir étancher la soif brûlante que j'ai de vous voir. Adieu; je vous embrasse dans le cœur DE JÉSUS ET DE MARIE.

« PÉLISSIER, sourd-muet.

« *P. S.* Vous m'avez demandé de vous faire connaître combien j'ai mis de temps à composer mes lettres, etc. Je ne sais pas vous le dire. — J'ai fini celle-ci comme je l'ai commencée. — J'aimerais mieux que vous vinssiez m'examiner. — Ma santé est toujours très bonne. Je vous prie de m'envoyer trois exemplaires de votre ouvrage. J'espère que, dans ma prochaine lettre, je vous en demanderai davantage. En attendant, je vais chercher des souscripteurs. — Je laisse ce petit coin à *Perrin*, qui tient à cœur de vous communiquer de ses nouvelles. »

Qui est-ce qui a dit à cet aimable et cher enfant qu'il importait (dès les quatre premières livraisons) de se hâter d'assurer l'existence de cet ouvrage?.... Quel est le jeune homme qui, recevant un livre, songe le moins du monde aux avances considérables que l'auteur a été obligé de faire?.... Et, même en y songeant, ce jeune sourd-muet ne devait-il pas être persuadé que tous ceux qui en auraient connaissance s'empresseraient d'acheter un livre qui lui paraît si beau?....

« Lorsque tes trois souscriptions me sont arrivées, *mon cher Pélissier*, je n'avais encore qu'un souscripteur, un jeune homme comme toi, mais *parlant* (M. GILET); bon comme toi, bienfaisant comme toi, que je ne connais point, qui ne m'a jamais vu,.... mais qui, sur l'annonce d'un ouvrage utile à 50,000 HOMMES comme lui, FRANÇAIS comme lui, CHRÉTIENS comme lui, par pure humanité, par pure bonté d'ame, en a demandé un exemplaire.... Peut-être même tes souscriptions ont-elles été prises les premières à Toulouse. (1)

« Qui est-ce qui t'a donné cet esprit au-dessus de tant d'autres, *mon cher enfant?*.... C'est ton cœur, oui, ton

(1) Voilà un pauvre sourd-muet sans nom, sans fortune, sans consistance, qui trouve sur-le-champ trois souscripteurs au livre qu'il aime :.... combien d'autres pourraient en faire autant, et mille fois davantage!.... combien de personnes à qui il suffirait de se mettre à la tête d'une liste, et de la présenter à une foule d'autres, *qui seraient très flattées* de se joindre à elles!.... Quel est l'homme qui n'a point un ami à qui il puisse dire : « Mets ton nom là-dessus?.... » — Les femmes surtout, pourquoi ne font-elles pas de leur cœur le seul usage pour lequel il leur a été donné?.... Pourquoi ne sont-elles sensibles, pour la plupart, qu'à la vanité et au mensonge?.... Pourquoi n'ont-elles des larmes que pour des malheurs imaginaires?....

cœur seul; et c'est pour cela que je suis très sensible à ton empressement et à ta louable impatience.

« Continue donc, *mon jeune ami*, d'avoir du cœur; ne t'occupe que de ton cœur; ne songe à ton esprit que pour former ton cœur à la vertu et à l'amour; remue ton cœur, travaille ton cœur, échauffe ton cœur, allume, embrase ton cœur, embrase-le d'amour pour J.-C. et pour les sourds-muets; prie, conjure, implore CE GRAND DIEU; fais à son divin cœur une sainte violence, afin qu'il jette un nouveau regard de compassion sur tes frères d'infirmité,.... afin qu'il prononce un nouvel EPHPHETA TOUT-PUISSANT, qui suscite enfin LE SAINT VINCENT DE PAUL de tous les sourds-muets du monde. »

Les lignes suivantes étaient à la fin de la lettre de *Pélissier*, sur la même feuille.

Elles sont d'un autre jeune sourd-muet que j'ai gardé neuf ans avec moi, et qui est aussi auprès de *M. l'abbé Chazottes*.

J'aurai occasion d'en parler de nouveau dans un *specimen* des résultats de CES LEÇONS DE GRAMMAIRE ET DE MORALE.

« MON EXCELLENT MAÎTRE,

« C'est avec une vive et profonde satisfaction que j'ai reçu les 4 livraisons (1) de votre intéressant ouvrage. Un million de remercîmens de ce que vous avez eu la bonté de me les envoyer, ainsi qu'à mon bon ami et à mes maîtres.

(1) Les quatre *premières* livraisons.

« Nous sommes tous enchantés du zèle avec lequel vous défendez les innocens sourds-muets contre ceux qui les persécutent, les effrayent et les rendent malheureux. Il serait inutile de vous en témoigner toute ma reconnaissance et de vous en faire beaucoup d'éloges. Ce qui touche le plus mon cœur, c'est que vous n'écrivez plus quelque amitié à un pauvre sourd-muet qui vous aime toujours, et qui a une inquiétude continuelle sur votre position. Je ne sais quels sont les motifs de votre silence extraordinaire.... (1)

. . . .

. . . .

---

(1) « Tu as donc oublié, mon cher Perrin, que je n'écris à personne,.... ou à très peu près?

« Tu as donc oublié l'objet de mes pensées à toutes les heures et à tous les instans du jour et de la nuit,.... et de tous les jours et de toutes les nuits?

« Tu crains que je ne t'aime plus?

« Tu as donc TOUT OUBLIÉ?....

« Qu'as-tu fait de la mémoire du cœur!

« Pour moi, je consens avec plaisir que tu m'oublies comme je t'oublie.

« Ne travaille que pour Notre Seigneur et pour les sourds-muets.

« Ne songe qu'à Notre Seigneur et aux sourds-muets;.... mais du matin au soir, et nuit et jour;.... mais 365 fois 24 heures par année;.... et je serai présent à ta pensée, comme tu es toujours présent à mon esprit et à mon cœur.

« Ne sais-tu pas que nous sommes tous dans le cœur de Jésus-Christ?

« Regarde donc ton ancien maître; cherche-le dans ce cœur ado-

« Je vous aime toujours; adieu, mon excellent maître; je vous embrasse, et c'est de toute l'étendue de mon cœur. Adieu; tout à vous.

« PERRIN, sourd-muet.

« *P. S.* Je souhaite une bonne et heureuse année à M. votre frère, et je vous prie de lui faire une tendre embrassade de ma part. Quant à vous, je vous souhaite beaucoup de bonheur dans l'année prochaine, et beaucoup de succès en faveur des pauvres sourds-muets.

« M. Pélissier a composé sa lettre sans aucun secours; il l'a faite en peu de temps, comme les autres. Je suis toujours étonné de ses talens extraordinaires : il sait très bien faire les vers. Toute la ville de Toulouse le connaît et l'admire; il n'a que vingt ans; il a une médaille d'argent. »

Il est essentiel de remarquer que ces deux lettres n'ont été corrigées en aucune manière, que l'on n'y a pas changé un seul mot, ajouté ni retranché un seul *iota*.

Outre que j'en ai prié M. l'abbé Chazottes, ces deux sourds-muets sont assez avancés pour comprendre que tout mensonge à cet égard serait infailliblement décou-

---

rable, et si, dans cet immense océan de bonté, de miséricorde et d'amour, tu ne l'aperçois point, les yeux levés vers le ciel et les bras tendus vers les sourds-muets,.... alors.... oh! alors.... souviens-toi de ses soins, souviens-toi de sa tendresse, et PRENDS PITIÉ DE SON AME!!! »

vert. Ils ont dix-neuf et vingt ans, et ils continuent de travailler; en conséquence, ils doivent faire de jour en jour des progrès manifestes. S'ils écrivaient un jour moins bien.... *relativement,* il serait évident qu'ils en ont imposé, et j'espère (comme je le crois) qu'ils en sont incapables.

Cette remarque m'a paru indispensable, tout le monde pouvant (comme je l'ai déjà vu dans quelques ouvrages) attribuer à des sourds-muets ou à des sourdes-muettes des lettres ou des réponses dont ils doivent être regardés comme tout-à-fait incapables, lorsque l'auteur ou l'instituteur n'insiste point d'une manière particulière sur cette circonstance de NON-CORRECTION ABSOLUE.

A l'égard des autres sourds-muets plus ou moins instruits qui m'écriront, ils peuvent, au besoin, faire corriger leurs lettres. — Il suffit qu'ils ne les annoncent point comme non corrigées.

Que si elles ne l'ont réellement pas été du tout, je désire fort qu'ils le déclarent formellement au bas.

Les pères et mères qui mettront cet ouvrage entre les mains de leurs enfans, pourraient *très utilement* les engager à m'écrire des lettres absolument non corrigées. Ce serait le moyen de connaître les progrès qu'ils feraient de proche en proche, par l'étude attentive et continuelle de CES LEÇONS,... et par conséquent un très puissant motif d'encouragement.

TROISIÈME LETTRE.

M. RICHARD, dont on va lire l'opinion, certes bien prononcée, est LE PLUS ANCIEN de tous les professeurs actuels de l'école de Paris, quoique assez jeune encore pour avoir parfaitement présentes à l'esprit toutes les connaissances qu'il a acquises, et toutes les observations qu'il a faites sur l'art d'instruire les sourds-muets. Comme il a à peine quarante-cinq ans, on peut raisonnablement espérer de longs et de grands services de sa patience et de son dévouement.

Le 25 décembre 1834.

« MONSIEUR ET ANCIEN COLLÈGUE,

« Les ouvrages écrits dans un but d'utilité générale méritent, sans contredit, des éloges et des encouragemens ; mais ceux qui sont propres à faciliter prodigieusement l'éducation d'un grand nombre d'infortunés réduits, sans elle, à la condition la plus triste et la plus déplorable,.... ceux qui, surtout, sont spécialement consacrés à former leur cœur à la vertu, sont un véritable présent du ciel.

« Le livre que vous publiez, *Monsieur,* me semble destiné à ouvrir une ère nouvelle aux pauvres sourds-muets. Tous capables de le comprendre d'un bout à l'autre, au sortir des écoles, pour peu qu'on le leur ait passablement expliqué, ils puiseront dans cette lecture, LA SEULE A LA PORTÉE DU PLUS GRAND

NOMBRE, la règle de toute leur conduite,.... s'y pénétreront de l'étendue de leurs devoirs envers le Créateur, envers la société et envers eux-mêmes,.... y trouveront enfin un ami sûr et fidèle qui les guidera, les soutiendra et les consolera dans toutes les circonstances de leur triste pélerinage.

« A l'égard de ceux qui ont quitté depuis longtemps les écoles, votre livre est pour eux un bienfait inappréciable, ne fût-ce que sous le rapport des prières qu'il renferme.

« Les hommes qui se dévouent à l'enseignement dont vous avez fait une si longue et si profonde étude, trouveront aussi, dans vos Leçons, des matériaux très précieux.

« D'autres avantages me paraissent également devoir en résulter : économie de temps, solution d'un grand nombre de difficultés grammaticales, facilité de revoir les leçons déjà expliquées, et possibilité de faire étudier les élèves seuls et avec fruit; ce qui n'existait en aucune manière avant votre livre, et ce qui peut seul assurer le succès de nos efforts.

« Vous sollicitez, Monsieur, la coopération de tous les instituteurs des sourds-muets : votre appel sera sans doute entendu; et s'il y en a qui ne vous envoient point quelques unes de leurs leçons les plus saillantes, c'est qu'ils se proposent de les faire imprimer eux-mêmes, et alors l'art et la science ne peuvent qu'y gagner.

« Pour vous, Monsieur, vous aurez toujours l'honneur d'avoir fait le premier livre élémentaire réellement destiné à former l'esprit et le cœur des innocentes et trop malheureuses victimes de la cruelle surdité, et à être mis entre leurs mains.

« Si, comme on doit l'espérer, et comme on ne peut douter que ce ne soit votre intention et votre désir le plus ardent, d'autres instituteurs, profitant de vos leçons, en font ensuite de meilleures, ce sera encore aux vôtres que l'on en sera redevable.

« Il est donc évident et incontestable que vous avez bien mérité, non seulement des sourds-muets en particulier, mais encore de la morale et de l'humanité tout entière.

« Recevez, Monsieur, les félicitations sincères d'un ami des sourds-muets, et l'assurance de son entier dévouement.

« **RICHARD**, professeur à l'école royale de Paris. »

QUATRIÈME LETTRE.

M. Berthier, sourd-muet, fut admis à l'école de Paris en 1811.

Après avoir fait ses études avec la plus grande distinction, sous MM. *Massieu, Clerc, Paulmier, Bébian, etc.*, en un mot, sous tous les professeurs qui ont eu le précieux avantage d'être les collaborateurs de l'immortel ABBÉ SICARD, il fut nommé d'abord répétiteur provisoire, et ensuite répétiteur titulaire; et il est professeur depuis six à sept ans.

Il a partagé avec MM. *Lenoir* et *Richard* l'honneur de soutenir l'école et d'y conserver l'enseignement (autant que les circonstances l'ont permis), depuis la mort de l'abbé Sicard et la retraite de MM. Paulmier et Salvan, jusqu'à ce jour.

C'est, je pense, auprès de ces trois messieurs que se sont formés MM. *Morel* et *Valade*, aujourd'hui leurs collègues.

Voici la lettre que j'ai reçue, au sujet de mes LEÇONS DE GRAMMAIRE ET DE MORALE, de ce jeune professeur, qui est, sans contredit, l'un des sourds-muets les plus distingués de l'époque.

Paris, ce 30 décembre 1834.

« MONSIEUR,

« C'est avec une vive reconnaissance que j'ai reçu vos livraisons. Je vous prie d'en agréer mes remercîmens. Je ne crois pas avoir besoin de vous dire les sentimens excités en moi par la lecture d'un ouvrage entrepris dans un but si honorable, et composé sous l'inspiration d'une si douce et si tendre charité. Les instituteurs de sourds-muets y verront un nouveau motif de zèle dans l'exercice de leurs fonctions pénibles,.... les amis de notre infortune un soulagement de plus à une position dont vous peignez toute l'horreur avec tant de vérité et de force,.... et les sourds-muets eux-mêmes de nouveaux titres à leur reconnaissance et à leur affection.

« Il y aurait trop de présomption de ma part à discuter ici le mérite de votre travail. Peut-être y désirerait-on un peu plus de méthode, c'est-à-dire de cet art si difficile d'enchaîner les idées, et de conduire l'esprit, par un fil imperceptible, des plus simples aux plus compliquées. Mais peu de nos maîtres l'ont possédé cet art si difficile! Et de combien d'autres mérites brille votre ouvrage!.... Quoi de plus clair, de plus précis, de plus attachant que vos réflexions?.... Plus on vous lit, plus on sent que l'on vous aime; et aussi plus on vous médite, plus on profite.

« Rien n'y sent cette philosophie ambitieuse qui rebute, cette philanthropie d'hypocrisie qui ne séduit plus personne.

« Tout, au contraire, y respire la simplicité la plus aimable, la piété la plus sincère; tout, jusqu'au moindre mot, y porte le cachet d'une affection véritable et sans mélange pour une classe malheureusement beaucoup trop nombreuse, dont la situation est encore si mal comprise!

« Héritier des vertus de L'ABBÉ DE L'ÉPÉE et de

L'ABBÉ SICARD, votre nom se placera à côté de ces noms si respectables et si chers! Il est déjà dans le cœur des sourds-muets comme dans leur conversation de tous les jours.

« C'est pénétré de ces sentimens que je vous offre encore une fois mille remercîmens. Recevez en même temps l'expression de ma parfaite estime.

« BERTHIER, sourd-muet. »

RÉPONSE DE L'AUTEUR. (1)

Paris, le 10 janvier 1835.

Réfléchissez-y bien, MON CHER BERTHIER, cet enchaînement des idées, tel que l'entendent certains esprits rêveurs, n'est qu'une *utopie,* n'est qu'une *chimère* dans toute la force du terme.

Quel enchaînement y avait-il dans vos idées lorsque j'arrivai à l'école de Paris en 1816?.... Alors déjà on s'était pressé de vous citer dans les journaux pour une réponse évidemment prématurée. — Quel enchaînement y avait-il en 1820? — Sans doute il commençait à y en avoir alors; mais d'où venait-il, sinon de vous-même,

---

(1) Cette réponse ne devait être qu'une note de quelques lignes au sujet de l'observation que vous me faites avec tant de mesure et de modestie; mais le plaisir de m'entretenir avec vous a réveillé en moi tant de souvenirs que je me suis laissé entraîner dans quelques détails qui, du reste, pourront n'être pas tout-à-fait inutiles aux chers infortunés pour qui nous travaillons.

de vos propres réflexions, de votre jugement, de votre sens commun, et des lectures que vous commenciez à faire avec des efforts inouïs?

Vous le dites immédiatement après : « Peu de nos maîtres l'ont possédé cet art si difficile!.... » Mais allez un peu plus loin, et dites-nous s'il y en a un seul, depuis l'abbé Sicard, qui l'ait possédé seulement à demi. — Je me trompe : le bon *Massieu,* l'ombre vivante de notre cher et illustre maître, l'a possédé éminemment; mais son extrême docilité l'y a si fortement attaché que ses autres exercices en ont prodigieusement souffert.

Parmi tous les autres professeurs, ceux qui passent pour les plus habiles ne sont-ils pas ceux qui semblent s'en être occupés le moins?

Clerc y songeait-il lorsque les études étaient disposées de manière que le lundi matin on enseignait *une chose,* le lundi soir *une autre chose,* le mardi matin *une troisième,....* et ainsi de suite jusqu'au samedi? (1)

M. *Bébian* en a-t-il mis un seul mot dans son Ma-

---

(1) Certes, rien n'était plus contraire à tout enchaînement possible que ce désordre régulier et méthodique; cependant il est encore plus ou moins suivi dans beaucoup d'écoles,.... sous le grand prétexte que les sourds-muets ne sachant absolument rien, il faut leur donner une idée générale de toutes les sciences.

Et il faut même convenir que c'était un perfectionnement de la part de *Clerc,* et qu'il avait eu raison de l'introduire; car, quelle que soit l'incohérence que ce système établit entre les objets d'étude, il est beaucoup moins pitoyable, beaucoup moins opposé à toute espèce de progrès, que cet enseignement vague et indéterminé qui est en usage dans d'autres établissemens, lequel, permettant aux professeurs de faire *ce qu'ils jugent convenable,* sans les astreindre à rien, les abandonne à une divagation si grande et si continuelle,

nuel pratique, — qui a été jusqu'à ce jour l'unique livre élémentaire, mais purement grammatical, et beaucoup trop court, et beaucoup trop cher,.... et qu'il a d'ailleurs fait rapidement et par circonstance?

Laissez, *mon cher Berthier*.... (ce n'est point pour vous que je parle, quoique je m'adresse à vous : je vous connais trop pour n'être pas persuadé que, dans la pratique, ces chimères sont le moindre de vos soucis. C'est pour tous ceux qui liront cet ouvrage; c'est pour les jeunes instituteurs, pour ceux surtout qui viendront après nous), LAISSEZ LES CHOSES VAGUES ET CONFUSES AUX ESPRITS VAGUES ET CONFUS.

Reportez-vous aux années de votre éducation : supposez qu'un *Clerc*, un *Bébian*, un *abbé Chazottes*, un *abbé Goudelin*, un *abbé Jamet*, un *Richard*, un *Gard* ou un *Massieu*, vous eût expliqué deux ou trois volumes de LEÇONS DE GRAMMAIRE ET DE MORALE semblables à celles que je fais imprimer,.... par voie de traduction seulement, mais traduction *réelle*, traduction aussi *exacte* qu'*intelligible*; — supposez ensuite qu'au lieu de perdre quatre ou cinq heures par jour dans un atelier, ce temps précieux eût été employé à étudier et à vous incarner mon livre, avec les analyses, décompositions, rapprochemens et remarques de toute espèce que vous pouvez déjà prévoir qu'il renfermera; — rappelez-vous votre pénétration, votre désir ardent et con-

qu'ils seraient souvent dans l'impossibilité de déterminer eux-mêmes les matières sur lesquelles on pourrait interroger leurs élèves.

Je vous le demande, mon cher Berthier, à vous qui en avez été et qui en êtes peut-être encore le triste témoin, que peuvent apprendre, que peuvent savoir de malheureux sourds-muets?

tinuel, votre constance et vos efforts inouïs; — et EXAMINEZ si vous n'auriez pas été, dès l'âge de dix-huit ou vingt ans, aussi avancé que vous l'avez été à vingt-cinq.

Combien vous aurait-il fallu de temps pour bien comprendre trois volumes de cette nature, toujours les mêmes, toujours fixes, déterminés et invariables, et toujours à la disposition de votre passion pour l'étude et de votre impatience *d'avoir du génie* (comme vous le disiez si ingénûment),.... avec un professeur possédant passablement votre langue,.... et avec un travail modéré de huit heures par jour?....

Six années n'auraient-elles pas été plus que suffisantes? — Et sachant cet ouvrage de 12 à 1500 pages, ET POUVANT LE RÉPÉTER DE MANIÈRE A NE L'OUBLIER JAMAIS, n'auriez-vous pas été mille fois plus avancé que vous ne l'étiez après huit et dix années, par la méthode que vous avez suivie, surtout au milieu des changemens et de toutes les autres circonstances dans lesquelles vous vous êtes trouvé,.... déjà fort tristes, mais qui, depuis lors, n'ont été que de plus en plus déplorables pour les pauvres sourds-muets qui sont venus après vous?

Voilà, mon cher Berthier, VOILA CE QU'IL IMPORTE D'EXAMINER; — et ensuite FAIRE POUR VOS FRÈRES D'INFIRMITÉ CE QUE VOUS VOUDRIEZ QUE L'ON EÛT FAIT POUR VOUS-MÊME.

L'ENCHAÎNEMENT DES IDÉES!.... Eh! que cherché-je autre chose.... après l'enseignement de la morale et de la religion, qui sont si importantes, et qui exigent tant de soins!.... que les sourds-muets ne connaissent JAMAIS ASSEZ, — parce qu'ils n'ont point compris et qu'ils ont mille fois oublié le peu qu'on avait pu leur en dire avant qu'ils eussent perdu l'ouïe, — et parce qu'ils n'auront plus, au sortir de l'école, aucune espèce de moyen de les apprendre et de les retenir à jamais,.... à moins qu'ils n'aient un livre qu'ils comprennent réellement et parfaitement?

Mais qui pourra vous faire comprendre, à vous qui n'avez jamais interrompu vos études, à vous qui, loin d'oublier, avez acquis tous les jours de nouvelles connaissances,.... tout ce qui s'est déjà effacé (quatre ou cinq années après) de la mémoire des dix-neuf vingtièmes de vos malheureux frères d'infirmité?

Qui pourra vous faire comprendre, à vous qui êtes sourd-muet, tous les moyens *continuels et forcés*.... que nous avons, indépendamment de toute espèce d'étude et de lecture, et comme MALGRÉ NOUS, de nous rappeler, *tous les jours et à toute heure*, les principes éternels de la morale et les lois saintes et terribles de la religion?

Qui pourra vous donner une faible idée de la cent millionième partie de notre avantage sur vous,.... puisque tant de *parlans*, tant de savans, tant de philosophes ne s'en doutent point encore?

Puissent du moins ceux qui n'ont d'autres armes que la parole, qui n'agissent que par la parole, qui n'ont de puissance que par la parole, dont la parole est toute puissante, et qui n'existent qu'au nom de la parole éternelle,.... puissent-ils porter un jour leur attention sur les effets prodigieux de l'ouïe, et sur le sort cruel des infortunés qui en sont privés!!

Quand sera-ce, GRAND DIEU?

Les temps ne sont-ils point encore accomplis?

Les pauvres sourds-muets n'ont-ils point encore assez souffert?

Ces images vivantes du FILS DE L'HOMME n'ont-elles point encore assez long-temps gémi dans les ténèbres de l'ignorance la plus profonde, la plus invincible,.... et dans la condition la plus triste, la plus continuellement contrariée, la plus indéfinissable, et la plus inaccessible à toute espèce d'adoucissement et de consolation qu'il soit possible d'imaginer sur la terre?....

. . . .

. . . .

L'enchaînement des idées!.... Eh! mon cher ami, n'est-ce pas pour lui seul que je travaille? N'est-il pas nécessaire pour le moindre raisonnement? N'est-il pas indispensable pour comprendre les vérités fondamentales et l'économie admirable de la religion?

Mais quelle différence, quelle distance infinie entre cet enchaînement des idées et celui qui a pour futile objet de classer les mots dans un certain ordre, comme, par exemple : *labourer,.... herser,.... semer,.... germer,.... croître,.... mûrir,.... moissonner,.... engerber,.... engranger,.... porter le blé au moulin,.... moudre,.... pétrir,.... cuire,....* PAIN!

Je cite, comme vous le voyez, l'une des réunions de mots les plus naturelles, et par conséquent les plus faciles. (1)

(1) Ces LEÇONS s'opposent-elles à ce que l'on réunisse les mots tantôt selon l'ordre et la filiation des idées, tantôt par familles, ou de toute autre manière, surtout lorsqu'elle est aussi naturelle que simple et facile? — Certainement non.

En faisant apprendre l'oraison dominicale (je suppose), trouvé-je

Maintenant je suppose que tous les mots fussent classés aussi facilement et aussi heureusement (ce qui est évidemment trois fois impossible); .

---

mauvais qu'à propos de *père*, l'on enseigne *mère*, *fils*, *fille*, *paternel*, *maternel*, *paternité*, *maternité*, etc., etc.?.... qu'à propos de *nom*, l'on enseigne *nommer*, *surnommer*, *nomination*, *dénomination*, etc., etc.? — A Dieu ne plaise!

Ce qui me paraît non seulement déplacé, mais encore tout-à-fait opposé aux progrès des sourds-muets, c'est toute réunion de mots *présentée isolément;* c'est toute espèce de nomenclature qui ne se rapporte et ne se rattache pas immédiatement à un sujet quelconque, qui commence, continue et finit,.... composé et présenté comme il l'est et le sera toujours dans tous les livres.

Ce que je ne conçois pas, c'est que l'on hésite à leur enseigner la moindre prière, la plus petite lecture, sous le prétexte d'une difficulté chimérique, — c'est que l'on se dise ami de la morale, et que l'on craigne que les sourds-muets ne la sachent trop.... Les infortunés! privés des instructions continuelles de leur père, des tendres conseils et des touchantes recommandations de leur mère!!... pense-t-on que six années soient trop longues pour leur en tenir lieu? pour les dédommager de cette perte inappréciable?

Ce que l'on ne saurait trop déplorer, c'est que l'on renvoie l'enseignement de la religion à la troisième ou quatrième année, et plus souvent encore à la dernière; comme si l'on ne pouvait pas leur montrer, dès le premier jour, Jésus, et Jésus crucifié!

Y a-t-il quelque chose de plus matériel, de plus sensible que Jésus flagellé, Jésus couronné d'épines et Jésus crucifié?

Cet objet n'est-il pas d'autant plus intéressant pour eux, d'autant plus propre à fixer toute leur attention, qu'ayant toujours été témoins du profond respect de tous les hommes pour cette image, leur esprit doit avoir travaillé davantage à s'en rendre compte?

Toujours ils ont vu l'image d'un homme crucifié, ou la croix qui le rappelle;.... que pouvaient-ils comprendre? que pouvaient-ils deviner? — Absolument rien. — Mais les hommages de tous les

Je suppose le plus habile de tous les maîtres, et un élève d'une pénétration et d'une mémoire prodigieuses;

---

hommes,.... mais les temples dans lesquels la croix est toujours placée en tant de lieux, et toujours au-dessus de tous les autres signes, figures ou tableaux, ont dû nécessairement les embarrasser et les confondre au dernier point.

Ils arrivent à l'école : on va satisfaire enfin leur juste curiosité; on va leur dévoiler ce mystère impénétrable; on va concilier dans leur esprit cette contradiction inconcevable dans laquelle devaient les avoir jetés, *d'un côté,* l'image d'un homme crucifié, d'un grand criminel sans doute, et, *de l'autre,* le culte qu'on lui rendait partout, et dans toutes les circonstances de la vie :.... pourrait-on trouver un objet plus propre à captiver toute leur attention?

Pense-t-on que les plus jeunes sourds-muets aient la moindre peine à comprendre *naître, mourir, boire, manger, dormir, travailler, se lever, se coucher,* et toutes les autres actions physiques, quand on leur montrera JÉSUS NAISSANT, JÉSUS MOURANT, JÉSUS BUVANT, MANGEANT, DORMANT, TRAVAILLANT, SE LEVANT, SE COUCHANT, en un mot, faisant toutes les autres actions humaines qu'il a faites?

Ce qui m'étonne, c'est que l'on s'imagine que parce que *douceur, obéissance, docilité, orgueil, avarice,* etc., sont des mots (grammaticalement) abstraits, les sourds-muets ne peuvent pas les comprendre, et s'habituer à en faire l'usage que tout le monde en fait.

— Mais *l'abbé Sicard* a regardé la difficulté des abstractions comme presque insurmontable; — mais *l'abbé Sicard* a consacré la méthode par nomenclatures....

— Oh! reportez-vous au temps et aux circonstances, et respectez L'ABBÉ SICARD; — et prenez garde de n'avoir été séduits que par les tributs qu'il a payés à la faiblesse humaine, et de ne vous être attachés qu'aux choses qui, parfaites et nécessaires pour son temps, sont devenues, pour le nôtre, tout-à-fait contraires au sens commun et à l'expérience.

Ce qui met ensuite le comble à toutes les autres absurdités, c'est

Je suppose qu'on lui enseignât de cette manière huit, dix et vingt mille mots.

(Et quel est le professeur qui oserait entreprendre de faire connaître, sans une foule de phrases et d'applications, les mots tels que : *imagination,.... talent,.... goût,.... bon sens,.... sens commun*, etc., etc., et tant d'autres, tant d'autres?)

Eh bien! quand ce malheureux enfant aurait passé cinq, six et huit années à apprendre tous ces mots, il ne saurait pas dire : « Mon père, je vous aime de tout mon cœur. »

Il ne saurait pas dire : « Donnez-moi du pain. »

Et je ne crains pas de déclarer qu'il lui faudrait encore au moins trois et quatre années d'application soutenue, et un instituteur excellent dans un genre tout différent, pour le mettre à même de commencer à lire seul, à l'aide du dictionnaire, les livres les plus ordinaires. — Sans compter que des milliers de mots ayant le plus souvent une signification tout-à-fait différente de la signification propre, primitive ou générale, ce malheureux enfant serait toujours trompé par celle qu'on lui aurait donnée la première,.... ainsi que vous devez l'avoir éprouvé, et que je l'ai remarqué dans tous les sourds-muets qui avaient été instruits par cette méthode de nomenclature, que je ne crains pas de signaler comme la plus funeste possible, dussé-je me

---

que l'on entreprenne d'enseigner aux sourds-muets l'histoire romaine, l'histoire de France, la mythologie, etc.; que sais-je?.... un peu de tout (comme l'on dit),.... avant qu'ils sachent lire le moins du monde, même à l'aide du dictionnaire; — quand il leur faudrait encore deux ou trois années et un bon instituteur pour commencer à déchiffrer une page.

trouver en opposition avec tous les instituteurs, soutenus par l'opinion de mon illustre maître.

L'ENCHAÎNEMENT DES IDÉES!.... Eh! mon cher Berthier, c'est parce que je vous ai vus, vous et tous vos camarades (1), lutter avec un courage égal à la difficulté, non pas contre des filiations chimériques, mais contre la composition; que dis-je? contre la lecture, *la simple lecture* des phrases les plus faciles; — c'est parce que je vous ai vus tous, après avoir perdu une première année à des milliers de noms d'objets visibles;

Une deuxième année à un grand nombre d'actions sensibles;

Une troisième année à une foule de qualités physiques et aux abstractions.... prétendues si difficiles;

Une quatrième année au passage (ENFIN!) du matériel au métaphysique et au langage figuré;

Une cinquième année à la syntaxe, etc., etc., etc.

C'est parce que je vous ai vus, après six, sept, huit et (la plupart même) neuf années, avoir toutes les peines du monde à lire la première page de *Télémaque* ou de tout autre livre;

---

(1) *Machwitz*, votre si aimable et si redoutable rival! *Machwitz*, l'ami de Clerc, qui lui fut si fidèle, et que, peut-être pour cela, je n'ai vu cité nulle part! — le patient *Lenoir*, que la vivacité de sa foi, en recevant le saint viatique, ramena, avec le bon *Cloché*, des ombres de la mort; — le docile Pagès, de Perpignan; — le géographe Pagès, de Nîmes; — le si doux, si modeste et si malheureux Milsand; — l'ardent et infatigable *Gazan;* — le généreux et reconnaissant Gouttebarge; — *Gouin*, dont le ciel a tant éprouvé la plus courageuse et la plus tendre des mères,.... et tant d'autres, tant d'autres!....

C'est parce que je vous ai vus lutter nuit et jour, avec une constance digne de plus de succès, contre les difficultés insurmontables que vous aviez à composer la plus petite lettre, le plus petit billet.

C'est parce que j'ai vu plusieurs des meilleurs sujets de l'école de Bordeaux (puisqu'ils y avaient passé, quoique pauvres, huit et neuf années) se trouver tout au moins dans le même embarras. (1)

C'est parce que j'ai vu Massieu lui-même, le justement célèbre Massieu!.... Massieu capable de répondre d'une manière plus exacte et plus prompte, à lui seul, que les quarante réunis, aux cent et aux mille questions les plus difficiles sur la signification précise de tous les mots possibles,... sur la grammaire générale, etc., etc.

Massieu, qui ne peut pas lire un mot sans voir à la fois tous ceux qui s'y rattachent de près ou de loin, et chacun à sa place, comme s'il ne l'avait jamais vu ailleurs que dans la chaîne à laquelle il appartient.

Massieu, la méthode socratique vivante, *l'art* de faire accoucher les esprits *incarné*, parce que c'est l'abbé Sicard, avant sa grande célébrité.... (cette célébrité qui fit tant de bien à tous les sourds-muets du monde, et

---

(1) Gard, le *Massieu* de Bordeaux, est connu depuis long-temps. — Mais il y eu a un autre qui me parut aussi de première force, et que je n'ai vu cité nulle part : il se nomme, je crois, Bonnafoux; et, autant que je puis m'en souvenir, il a *quelque chose* aux yeux.

Lorsque je le vis à Paris, il avait vingt-cinq à trente ans; il doit en avoir aujourd'hui quarante à quarante-cinq.

Il s'était sans doute formé, comme *Massieu, Gard, Clerc* et les autres, à force de temps, de constance et d'efforts, que l'on ne peut guère attribuer qu'à une sorte de génie.

tant de mal à sa propre école!), parce que c'est l'abbé Sicard qui l'avait formé, ou plutôt parce qu'*ils s'étaient forgés ensemble comme deux barres de fer.* (1)

C'est parce que j'ai vu MASSIEU lui-même, avec ses connaissances réelles et positives, et toujours présentes à son esprit; MASSIEU, avec son véritable et incontestable génie,.... pour avoir été trop exercé sur l'ordre et la filiation des idées, sur toutes les espèces de classifica-

---

(1) *D.* A quoi comparez-vous l'attachement que vous avez l'un pour l'autre, *l'abbé Sicard* et vous?

R. L'abbé Sicard et moi, nous sommes comme DEUX BARRES DE FER FORGÉES ENSEMBLE. (MASSIEU.)

Voilà MASSIEU : on lui parle *d'attachement*,... et aussitôt la plus forte *attache*, le plus fort *lien* qu'il soit possible d'imaginer, se présente à son esprit. — Quelle précision! quelle force! et quelle vérité historique dans ces quatre mots!

M. Champion de Cicé, alors archevêque de Bordeaux, reconnaissant facilement, à travers les détractions nombreuses et trop puissantes dont l'abbé de l'Épée était l'objet, l'homme de génie et le bienfaiteur de l'humanité,.... et sentant vivement combien il sera glorieux à jamais pour la religion que l'honneur d'avoir fait, conservé et perfectionné cette sublime découverte, appartienne au clergé de France,.... envoie l'abbé Sicard auprès de l'illustre inventeur.

Le modeste envoyé écoute et regarde le grand homme pendant trois semaines. Un jour il hasarde quelques questions : — « Retournez dans votre diocèse, et prenez des sourds-muets, lui dit l'abbé de l'Épée; j'ai trouvé le verre, c'est vous qui ferez les lunettes. »

L'abbé Sicard retourne à Bordeaux : un ami des pauvres (M. de Puymorin) lui amène Massieu; et c'est là qu'il commence à *se forger avec lui*, pour venir ensuite opposer durant trente années, aux ennemis des lumières, de la religion et de l'humanité, DEUX BARRES DE FER FORGÉES ENSEMBLE, contre lesquelles viendront se briser honteusement tous les efforts des préjugés, de l'ignorance et de l'envie.

tions des mots *considérés isolément*, — et pour l'avoir été trop peu sur la lecture, sur l'étude et sur la composition des discours ordinaires;.... c'est parce que je l'ai vu, dis-je, embarrassé pour écrire une lettre un peu sérieuse, une lettre un peu importante....

Est-il embarrassé pour exprimer toutes ses pensées,.... pour dire tout ce qu'il veut et comme il veut le dire? — Non certainement; mais il ne s'exprime pas comme nous, il n'écrit point comme nous; il emploie toujours le mot *propre*, et rarement le mot *convenable*. (1)

---

(1) Interrogez *Massieu* sur tous les mots et sur toutes les difficultés de la langue française; demandez-lui la définition de toutes les expressions dont il s'est servi dans ses réponses; assurez-vous qu'il les comprend aussi bien que vous, pour ne rien dire de plus. — Jusque-là, il est dans son centre; tout coulera de source; rien ne lui coûtera plus de peine que nous n'en avons à dire : « Bonjour. »

Mais exigez un discours, ou seulement une lettre qui sorte tant soit peu des sujets ordinaires, il dira les choses avec une simplicité si grande, si dépouillée de toute espèce d'ornemens et de réflexions générales, que vous tomberez des nues.

Sa faiblesse sous ce rapport, si surprenante à côté de sa profondeur et de son génie, est la conséquence nécessaire, *d'un côté*, de l'isolement absolu et continuel dans lequel se trouve un sourd-muet même instruit, tous les jours et dans toutes les circonstances de sa vie, — et, *de l'autre*, de l'éducation qu'il a reçue.

— C'est donc la faute de l'abbé Sicard?

— Téméraires! respectez le génie;.... et si vous voulez l'admirer avec connaissance de cause, réfléchissez, informez-vous, reportez-vous au temps et aux circonstances; considérez quel devait être son but, et examinez s'il l'a rempli.

Voyez l'abbé Sicard arrivant à Paris avec Massieu, et la ville de Paris (si glorieuse de tout temps de son titre de capitale du monde

C'est donc parce que j'ai vu, dans tous les sourds-muets que j'ai connus et étudiés, les mêmes effets, que, les attribuant nécessairement à la même cause, j'ai cherché le véritable enchaînement des idées, l'enchaînement des idées le plus difficile et le plus important à la fois pour les sourds-muets; mais l'enchaînement des idées TOUJOURS ÉTROITEMENT LIÉ AVEC LEUR EXPRESSION, TOUJOURS INSÉPARABLE DE NOTRE MANIÈRE DE LES PRÉSENTER ET DE LES RENDRE.

Que dis-je? *je l'ai cherché* :.... j'y avais à peine songé.

---

savant) lui accordant, pour les sourds-muets et les aveugles, la misérable somme de 1,600 francs.

Et à sa mort, comptez les instituteurs qu'il a formés et les cent vingt écoles qu'il a fondées, avec Massieu et par Massieu. Comptez les cent mille francs par an qu'il a obtenus à l'école de Paris; — ajoutez-y toutes les sommes annuelles que l'on consacre à toutes les institutions du monde, — et dites-nous si, en trente années, vous auriez obtenu de si grands résultats, opéré de si grands prodiges.

Regardez autour de vous : cherchez un seul homme à qui l'on soit redevable de la centième partie du bien que la Providence a fait par l'abbé Sicard et par Massieu;

Et si vous ne le trouvez point, bénissez cette divine Providence, et payez le tribut de votre respect et de votre admiration A L'ABBÉ SICARD ET A MASSIEU.

Vous surtout, sourds-muets instruits, au nom de L'ABBÉ DE L'ÉPÉE, de L'ABBÉ SICARD ou de MASSIEU, ou à la vue de leur image, découvrez-vous avec respect et avec reconnaissance, — et recommandez à tous vos frères d'infirmité d'en faire autant. — Un sourd-muet qui a eu le bonheur de recevoir une éducation un peu soignée, et qui, à la vue du nom ou du portrait de L'ABBÉ DE L'ÉPÉE, de L'ABBÉ SICARD ou de MASSIEU, n'éprouve aucune émotion, fait preuve d'une profonde ignorance ou d'une noire ingratitude.

Ne voyant dans l'application désespérante que l'on faisait, en général, de la méthode de notre illustre maître, qu'un véritable chaos; — ne voyant qu'un sourd-muet, sur quarante à cinquante, parvenir, à force d'efforts et de génie, à quelques résultats, — et mes réflexions se reportant sans cesse sur ce triste tableau, je finis par être frappé du vice essentiel et radical de cette méthode.

Mais il faut rendre justice à celui qu'elle a justement immortalisé.

La nouveauté de la sublime découverte de L'ABBÉ DE L'ÉPÉE, — la mort de ce grand homme, — l'ignorance de la langue des signes, — les élèves peu avancés qui vinrent reprendre leurs études sous son successeur, — la confusion réelle qui devait exister dans leurs connaissances, augmentée sans doute encore beaucoup par les apparences; — l'incertitude de la réussite,... si grande à cette époque que L'ABBÉ SICARD ET MASSIEU, c'est-à-dire trente années de travaux, d'exercices, de prodiges et de succès, ont à peine suffi pour détruire l'impitoyable et funeste préjugé qui vous condamnait tous au néant; — TOUT, en un mot, mit *votre second sauveur* dans l'impérieuse et absolue nécessité de procéder par l'analyse la plus rigoureuse possible.

Ainsi sa méthode était non seulement bonne, mais encore NÉCESSAIRE à cette époque.

Mais outre qu'elle exigeait, en idéologie et en grammaire, des connaissances qu'il est impossible de supposer dans les dix-neuf vingtièmes des professeurs, — aujourd'hui que nous trouvons la langue des signes toute faite, — aujourd'hui que nous ne pouvons plus douter de la grande possibilité de réintégrer les sourds-muets dans les droits imprescriptibles et sacrés de la religion et de l'humanité, — aujourd'hui qu'il n'y a que les aveugles volontaires qui ne veuillent point reconnaître l'immense supériorité de la méthode *Dumarsais, Jacotot*, etc., et qui persistent dans le pitoyable système de faire apprendre des mots isolés, ou bien de faire commencer par la grammaire l'étude des langues étrangères ; — aujourd'hui que l'expérience de tous les sourds-muets instruits nous démontre évidemment la véritable route, — LA MÉTHODE DE L'ABBÉ SICARD, qui était excellente et nécessaire dans l'origine, NE DOIT PLUS ÊTRE EMPLOYÉE QUE SECONDAIREMENT, — comme moyen d'analyser les phrases avec le plus grand soin, et d'une manière qui parle aux yeux seuls, — comme moyen de faire bien comprendre la véritable signification des mots, le rôle que chacun d'eux joue dans la phrase, et surtout l'influence des uns sur les autres,.... sans se servir de très long-temps des termes techniques de la grammaire.

Sous tous ces rapports, elle sera toujours d'un prix infini, et éminemment propre à nous tenir en garde contre la précipitation, contre la vaine présomption que nos élèves comprennent, lorsque réellement ils ne comprennent point encore. (1)

---

(1) « Vous croyez qu'ils comprennent?.... Et moi je vous dis qu'ils « ne comprennent point. — Mais voyez comme ils répètent tous mes « signes ; voyez l'expression d'intelligence et de satisfaction qui est « répandue sur toute leur physionomie. — Vous croyez qu'ils com- « prennent?.... Ils ne comprennent point. S'ils comprennent quelque « chose, ce n'est pas ce que vous comprenez, ce n'est pas ce que « vous croyez qu'ils comprennent. »

Voilà ce que l'abbé Sicard ne cessait de répéter, et voilà ce que

Au reste, les ouvrages de notre illustre maître laisseront toujours, à cet égard, l'ignorance sans excuse.

Est-ce à force de réflexions ou de génie que j'ai trouvé toutes ces choses? — Non, mon cher Berthier, non : je n'aurais fait que me traîner péniblement dans le labyrinthe obscur des nomenclatures; je me serais évanoui sans doute dans mille recherches vagues et confuses *des idées premières, des idées-mères*, et de tant d'autres utopies, si la divine Providence ne m'eût mis dans la nécessité (à Rodez) de procéder d'une manière toute différente de celle que j'avais vue en usage à Paris.

C'est EN CHERCHANT LE ROYAUME DE DIEU,.... c'est en voulant le faire trouver à vos frères de l'Aveyron, du Cantal, du Puy-de-Dôme et de Belgique, que LE RESTE M'A ÉTÉ DONNÉ PAR SURABONDANCE, c'est-à-dire que je crois avoir découvert une route qui me paraît préférable à celle que l'on a suivie jusqu'à ce jour; — c'est en voulant leur faire connaître LA VOIE, LA VÉRITÉ ET LA VIE, que *la vérité* m'a enseigné *la voie* qui les mènera à *la vie;* — ou du moins j'espère que j'aurai le bonheur d'avoir contribué un peu à ce qu'un autre la trouve,.... ainsi que j'aurai occasion de le dire d'une manière plus convenable et surtout moins rapide.

En attendant, mon cher Berthier, cherchez le véritable enchaînement des idées dans ces LEÇONS DE GRAMMAIRE ET DE MORALE; c'est là que vous le trouverez :

---

ne comprendront jamais les professeurs qui n'ont pas gardé au moins quelques sourds-muets pendant huit et dix années, ou qui n'ont pas eu occasion d'examiner leurs élèves trois ou quatre années après leur sortie de l'école.

mais souvenez-vous de ce que vous en dites vous-même. N'oubliez pas que c'est *un fil imperceptible*, c'est-à-dire très difficile à saisir : il n'y a donc que l'attention et la réflexion qui parviennent à l'apercevoir; et ce n'est que par de fréquentes répétitions que l'on s'en pénètre, et que l'on devient capable soi-même de le mettre dans tout ce que l'on a lieu d'écrire.

L'ATTENTION, LA RÉFLEXION et LA RÉPÉTITION!.... Oh! voilà trois choses dont vous ne sauriez trop faire sentir la nécessité à vos élèves; voilà trois choses auxquelles vous ne sauriez trop les habituer par une longue et patiente pratique. Et quels heureux effets ne produiront-elles pas!.... Vous en serez vous-même surpris, quoique vous en fassiez sans doute déjà un usage continuel, mais moins *extraordinaire* peut-être que la triste nécessité ne l'exige.

Faites-en l'essai dans ce moment-ci surtout.... (si on vous le permet, *cela va sans le dire*). On vous a, je crois, donné le *caput mortuum* de toutes les classes (1); on ne s'attend certainement pas à de grands résultats. Lorsqu'on réunit les deux ou trois derniers élèves de chaque classe dont les autres professeurs n'ont pu tirer aucun parti, on n'espère probablement pas, malgré tout le mérite de l'instituteur, qu'ils deviendront plus habiles lorsqu'ils se trouveront, les uns et les autres, réduits à des camarades également ignorans, également peu intelligens.

---

(1) Vous serez peut-être étonné que j'aie eu connaissance de cette mesure, et j'ai été moi-même surpris qu'elle ait fait assez de bruit pour mettre le ministère des trois jours, et ensuite quelques journaux, dans le cas de s'en occuper.

Eh bien! mon cher Berthier, profitez de cette circonstance : oubliez la mesure que l'on a prise à votre égard; ne voyez dans vos élèves que vos frères, que des enfans de Dieu comme vous, rachetés, comme vous, au prix de tout le sang de Jésus-Christ.

Loin de regarder cette disposition comme une injustice, ou comme une injure faite à votre zèle et à vos talens, considérez-la comme un moyen destiné à concourir aux desseins de la divine Providence. Vous savez que, pour l'accomplissement de ses vues de miséricorde et d'amour, Dieu est souvent obligé de se servir des obstacles mêmes que les hommes lui opposent.

Vous donnerai-je d'autres raisons? Vous citerai-je un grand exemple, qui a beaucoup d'analogie avec ce qui vous arrive?

Vous connaissez M. le Ministre de l'intérieur; vous savez du moins, comme tout le monde, le grand rôle qu'il joue en France, et par conséquent en Europe (sans parler de l'Asie, de l'Afrique et de l'Amérique).

Il était dans la classe si importante qui précède immédiatement la rhétorique; le professeur était très habile, mais ses élèves beaucoup trop nombreux. Il fallut en donner la moitié à un professeur-adjoint. Celui-ci était fort jeune, et d'une faiblesse extrême. Je m'en souviens très bien, et je puis vous en parler savamment; car c'était moi.

Les élèves qui me furent confiés avaient donc grandement raison de se croire disgraciés et victimes d'une injustice.

M. Thiers fut de ce nombre.

Eh bien! que fit-il? — Loin de se plaindre et de se

décourager, il conçut la possibilité, l'espérance et le projet de devenir le premier de sa classe, quel que fût le professeur. Il s'appliqua en conséquence et réussit. — A la fin de l'année, mes élèves ayant concouru avec la première division, M. Thiers conserva sa supériorité et obtint, je crois, son premier triomphe, qui devait être suivi de tant d'autres.

Ne serait-il pas devenu un homme très distingué sans cette circonstance? Aurait-il fait tant de progrès si son jeune professeur n'eût exigé que l'on travaillât vite, fort et long-temps, et toujours avec toute l'application dont on était capable? — C'est, je crois, ce qu'il serait difficile de décider, les plus petites causes contribuant souvent beaucoup aux plus grands effets.

Quoi qu'il en soit, imitez-le : ne songez qu'à tirer de vos élèves le meilleur parti possible; et comme on vous permettra sans doute de faire l'essai de ma manière d'appliquer la méthode de notre illustre maître, enseignez-leur, je suppose, l'Oraison dominicale. — Mais ils ne savent rien, ou à très peu près. — Tant mieux : c'est tels qu'ils sont qu'il faut les prendre, et VAINCRE LE MAL PAR LE BIEN, c'est-à-dire suppléer à l'intelligence par le talent, et aux connaissances qu'ils devraient avoir par la patience. Oh! voilà une belle occasion pour vous d'acquérir un vrai mérite, aux yeux surtout de CELUI qui voit tout et qui tient compte de tout!

Faites-la-leur apprendre par voie de traduction seulement. N'enseignez que deux, trois ou quatre lignes par classe, et *recommencez tous les jours par le premier mot* : voilà ce qui enseigne l'enchaînement des idées; voilà ce qui nous montre, voilà ce qui nous met dans l'impossibilité de ne pas voir par où il faut commencer et comment il faut commencer, par où il faut continuer et comment il faut continuer, par où il faut finir et comment il faut finir.

Mais surtout

« Hâtez-vous lentement, et, sans perdre courage,
« Vingt fois sur le métier remettez votre ouvrage : »

(Si c'est vingt fois pour *les parlans*, c'est au moins MILLE FOIS pour les pauvres sourds-muets dont on vous a chargé ;)

Et au bout de trois, quatre, cinq ou six mois, vos élèves offriront peut-être des résultats qui prouveront incontestablement votre supériorité d'abord, et ensuite les avantages de mes manières de voir et de procéder.

Au reste, si je me trompe, si le succès ne répond pas à vos efforts, et si surtout vous ne trouvez point le véritable enchaînement des idées dans mon livre, — ou si vous y remarquez toute autre erreur, ne craignez point de me la signaler. Adressez-moi toutes vos objections. Que cherché-je autre chose que la vérité et le bonheur des sourds-muets?

Vos moindres observations me donneront lieu, comme vous le voyez, d'entrer dans une foule de détails qui m'échapperaient peut-être sans elles.

Et vous me connaissez assez pour être persuadé que je vous répondrai toujours avec autant de franchise que de plaisir, avec autant de plaisir que de sincère attachement.

Votre ami PISSIN-SICARD.

CINQUIÈME LETTRE.

M. L'ABBÉ LEFORESTIER remplit les fonctions d'aumônier à l'école de Paris depuis 1830. — Il y est, je crois, chargé de l'enseignement de la religion, et spécialement de préparer les élèves à la première communion. Il est donc très à même d'apprécier l'ignorance incompréhensible de ces chers infortunés sous le rapport de la morale, et les livres les plus propres à leur donner les connaissances les plus indispensables.

Son âge peu avancé (trente et quelques années), sa patience, sa douceur, son esprit d'examen et de réflexion, et sa véritable et solide piété, sont de sûrs garans de ses succès, et des grands services qu'il rendra aux pauvres sourds-muets, si la divine Providence daigne le leur conserver long-temps.

Paris, ce 14 janvier 1835.

« MONSIEUR,

« Je vous prie d'agréer mes sincères remercîmens pour l'envoi que vous avez eu la bonté de me faire de votre livre. A portée, par ma position, d'apprécier tout ce qu'il a d'utile à la classe intéressante à laquelle vous consacrez vos travaux, je ne puis donner trop d'éloges à cet ouvrage, dont l'exécution répond dignement à la noble et religieuse pensée qui vous l'a inspiré.

« Je ne doute pas que toutes les ames vraiment chrétiennes, et toutes celles même qui ne sont touchées du malheur de leurs semblables que par un sentiment d'humanité, ne s'associent à votre pieuse entreprise, et ne concourent de leurs efforts empressés à en assurer la réussite.

« Pour moi, je ne négligerai aucun moyen de contribuer à ce succès, qui doit faire honneur à votre caractère autant qu'à vos talens distingués.

« Veuillez recevoir, Monsieur, avec l'expression de ma reconnaissance pour le bien que vous faites à tant d'innocentes victimes de la plus touchante infortune, l'assurance des sentimens de haute considération avec lesquels j'ai l'honneur d'être, etc.

« L'abbé LEFORESTIER,
« aumônier des Sourds-Muets. »

SIXIÈME LETTRE.

M. Lenoir, sourd-muet, né à Lyon, fut admis à l'école de Paris, où il est professeur aujourd'hui, vers la fin de l'année 1813; c'est-à-dire environ deux ans après M. Berthier, et vers le même temps que son pauvre et cher compatriote Milsand. — Bon Milsand! quelle lettre tu m'écrirais aujourd'hui, si une mort prématurée ne t'eût ravi à tes frères d'infirmité! (1)

---

(1) Milsand était un jeune sourd-muet qui donnait les plus belles espérances, et qui périt à *Rodez*, victime de son courage et de la bonté de son cœur, à l'âge de vingt-quatre ou vingt-cinq ans.

On avait eu l'imprudence de le laisser accompagner seul (sans un

Quoique M. Lenoir n'ait peut-être point encore atteint son camarade, son collègue et son ami, il le suit de très près; et si M. Berthier ne joignait à une pénétration rare une ardeur et une constance plus rares encore, cette différence de deux années finirait certainement par disparaître.

Au reste, si son heureux rival a quelques avantages sur lui sous le rapport de la facilité, de la correction et de l'élégance du style, M. Lenoir ne lui cède en rien

---

maître *parlant*) les élèves à la rivière. L'un d'eux s'étant trop avancé vers un endroit dangereux, Milsand se précipita pour le sauver, et y parvint; mais il paya de sa vie un courage et un dévouement dignes d'un meilleur sort.

« Bon Milsand! tu étais venu à Rodez pour t'y trouver avec ton maître : les circonstances nous séparent, je n'ose t'engager à me suivre, et, quelques mois après, tu me précèdes dans la nuit du tombeau!! »

Le lendemain de son arrivée à Rodez, j'allai le voir. J'entre dans sa chambre, et le trouve à genoux faisant sa prière du matin. Malgré le respect que m'inspiraient son attention et sa ferveur, je ne pus résister au désir de le presser dans mes bras. Qui m'eût dit que c'était pour la dernière fois.... dans cette triste vallée de larmes?

« Bon Milsand! tu fus doux et patient comme le grand sourd-muet du Calvaire, et tu avais déjà beaucoup souffert. Ah! il t'aura tenu compte de tes peines, de ta résignation et de ta piété; déjà depuis long-temps tu jouis sans doute du bonheur ineffable de le voir et de le posséder. Oublierais-tu tes frères d'infirmité? Oublierais-tu celui que tu avais suivi à *Amiens*, qui t'avait placé à *Arras*, et qu'on t'avait promis que tu rejoindrais à *Rodez?*.... Non, non : tu l'aimas trop sur la terre pour l'avoir oublié dans le ciel. Redouble donc tes instances auprès du divin Maître, et hâte de tous tes efforts le jour heureux de notre réunion pour jamais. »

sous le rapport au moins aussi important de la conduite, de la tenue, de la gravité, de la réflexion et de la solidité du jugement.

Il est surtout éminemment modeste, et d'un caractère si constamment doux et patient, que son surnom de *Sourd-Muet* est tiré du symbole même de la résignation et de la douceur. Quand il arriva à l'école, ses camarades l'appelèrent L'AGNEAU. Ce nom lui est resté, et il n'a jamais cessé de le justifier.

Paris, ce 12 janvier 1835.

« J'ai lu avec beaucoup de plaisir, Monsieur, votre ouvrage, dont vous m'avez fait l'honneur de m'envoyer successivement les douze premières livraisons.

« Mes remercîmens égalent mon estime.

« Le titre de votre livre n'annonce que simplement et modestement des LEÇONS DE GRAMMAIRE ET DE MORALE; mais vous savez bien y dire beaucoup de choses en peu de mots, et vous y avez mis toute la clarté et tout l'ordre nécessaires pour que les phrases les plus longues et les plus difficiles y soient à la portée de la faible intelligence des sourds-muets.

« C'est le seul livre qui, en formant l'esprit, dirige en même temps le cœur dans le chemin de la vertu et de la piété.

« Jamais vous n'avez employé si utilement et si noblement le talent que vous avez acquis dans les leçons de notre illustre maître L'ABBÉ SICARD.

« Vous jouirez, je l'espère autant que je le désire, du fruit de vos veilles dans le témoignage unanime de la vive reconnaissance des sourds-muets.

« Déjà votre pénétration et votre zèle avaient été d'une grande utilité à ceux de Paris en particulier, lorsque vous remplissiez les fonctions de professeur à l'École royale; mais aujourd'hui votre longue expérience sera utile, en général, à tous les sourds-muets du monde, puisque votre ouvrage va répandre partout le bienfait de l'éducation.

« Puisse votre livre être justement apprécié par tous les instituteurs!

« Puissiez-vous avoir bientôt la vive satisfaction de voir vos travaux couronnés de succès et vos vœux exaucés, par l'empressement de tous les sourds-muets à participer aux lumières de votre excellente instruction!

« Soyez persuadé, Monsieur, de la sincérité des sentimens distingués avec lesquels j'ai l'honneur d'être, etc., etc.

« A. LENOIR,

« professeur aux Sourds-Muets. »

SEPTIÈME LETTRE.

M. L'ABBÉ BOREL, qui succéda à M. l'abbé Périer, se concilia bientôt l'estime et la considération des professeurs et de tous les employés de l'école. Il y maintint constamment le bon ordre, autant que les circonstances le permirent; et si les regrets pouvaient ramener les hommes, il y a long-temps qu'il y serait rentré. — Mais pourquoi en est-il sorti? — C'est ce que l'histoire dira.

Ce qu'il y a d'incontestable, c'est que les sourds-muets de l'école de Paris lui sont redevables de deux grands bienfaits : depuis la mort de l'abbé Sicard, les élèves ne restaient plus que cinq ans dans l'école; M. l'abbé Borel parvint, non sans peine, à faire remettre en vigueur l'article du réglement qui leur accorde six années.

De plus, le temps que l'on passe dans les ateliers étant évidemment perdu (malgré toutes les illusions que l'on peut se faire lorsqu'on n'examine point les choses tous les jours, du matin au soir, et pendant des années entières), M. l'abbé Borel fit tous ses efforts pour en rendre du moins une partie aux pauvres sourds-muets; et il parvint à obtenir que les élèves des deux premières années seraient dispensés de toute espèce de travail manuel.

Voilà les heureux effets du jugement aussi sain que solide de M. l'abbé Borel, et de son dévouement réel aux infortunés qui lui étaient confiés : un an de plus de séjour dans l'école, et quatre ou cinq heures par jour pendant deux années, c'est-à-dire cinq à six mille heures,.... c'est-à-dire un grand tiers de plus. — (300 jours à 8 heures = 2,400 heures, et 600 jours à 5 heures = 3,000 heures; total : 5,400 heures.)

Conçoit-on tout ce qu'il serait possible de faire apprendre en cinq à six mille heures bien employées?

Conçoit-on toutes les leçons de morale que l'on pourrait donner aux sourds-muets au moyen seulement de cinq à six mille mots, ou même de cinq à six mille significations?....

. . . .

Paris, le 14 janvier 1835.

L'ABBÉ BOREL A M. PISSIN-SICARD.

« Monsieur,

« Recevez, je vous prie, mes remercîmens bien sincères pour les livraisons de votre ouvrage sur les sourds-muets que vous avez eu la bonté de m'envoyer. Je suis on ne peut plus sensible à cette marque d'attention de votre part; j'en sens d'autant plus le prix que les infortunés qui sont l'objet de vos travaux sont toujours bien chers à mon cœur.

« J'ai eu l'honneur d'être quatre ans et quelques mois directeur de l'Institution de Paris. Pendant ce temps, j'ai pu apprendre à les connaître; j'ai pu surtout apprécier toute la reconnaissance qui est due aux immortels abbés de l'Épée et Sicard, qui ont fait connaître au monde que les sourds-muets (qu'une cruelle infirmité mettait en dehors de nos relations, et avait fait regarder pendant trop long-temps comme des êtres sans intelligence) pouvaient être rendus à la vie sociale, intellectuelle et morale.

« Les hommes de bien ne peuvent penser sans

frémir au sort déplorable des sourds-muets avant L'ABBÉ DE L'ÉPÉE. Honneur, reconnaissance éternelle au père des sourds-muets! à ce tendre ami de l'humanité!

« Le nom de L'ABBÉ DE L'ÉPÉE doit être placé à côté de celui de SAINT VINCENT DE PAULE; et ces deux noms traverseront les siècles chargés des bénédictions de tous les peuples, parce que leur gloire est la gloire tranquille de l'homme de bien, et qu'elle est pure comme la source d'où elle émane.

« M. SICARD fut le digne successeur de l'abbé de l'Épée. Doué d'une imagination vive, d'un esprit actif et fécond, il perfectionna l'art d'instruire les sourds-muets par son zèle, ses recherches et ses savantes combinaisons. Il consacra sa vie entière à la gloire de l'Institut (1) royal des Sourds-Muets de Paris, et il sut lui donner une vogue et une renommée qui durent encore.

« Mais c'est à vous, Monsieur, à parler de L'ABBÉ SICARD, vous qu'il a choisi pour être l'héritier de son nom et de son amour pour les sourds-muets, et qu'il destinait *peut-être* à devenir un jour son successeur.

« L'instruction des sourds-muets n'est plus un problème : il est reconnu que la patience, le zèle

---

(1) Institution = institut = école.

et surtout le bon sens, sont les qualités les plus essentielles dans ceux qui se dévouent à ce pénible et honorable enseignement.

« Mais il reste encore beaucoup à faire; *les ouvrages élémentaires manquent surtout.* Je ne peux donc qu'applaudir à celui que vous publiez maintenant, puisque vous avez pour but de rendre l'éducation des sourds-muets PLUS FACILE, MOINS LONGUE ET PLUS CERTAINE, persuadé encore qu'il sera digne de vos talens, de votre nom, et de l'héritage que vous a légué L'ABBÉ SICARD, en vous adoptant en quelque sorte pour son fils.

« Il ne m'appartient pas d'entrer dans le détail de votre ouvrage, qui d'ailleurs n'est pas terminé; mais j'aime à voir que vous avez principalement en vue de leur rappeler souvent quelle main les a placés sur la terre, et les en doit retirer un jour; que vous tenez à leur mettre sans cesse devant les yeux le divin auteur de l'Évangile. En le voyant humble, solitaire et souvent persécuté; en voyant qu'il eut une prédilection particulière pour les pauvres, les infortunés et les sourds-muets, ils supporteront avec plus de résignation leur malheur; ils se plaindront moins de leur triste sort.

« Si vous pouviez faire suivre votre ouvrage d'un cours gradué de lectures (1) approprié à l'esprit et

---

(1) C'est ce que je me propose de faire dans l'ouvrage même que je publie. Mais il est très important que MM. les instituteurs S'EM-

à l'intelligence des sourds-muets, que vous devez connaître par une longue expérience, vous rendriez un service signalé. Cet ouvrage manque, et cependant il serait d'un secours infini. Si vous parveniez à atteindre ce but d'une manière satisfaisante, je ne balance pas à dire que votre place ne devrait pas être à Bruxelles. (1)

« Recevez l'assurance des sentimens d'estime et de reconnaissance avec lesquels j'ai l'honneur d'être, etc., etc.

« BOREL, prêtre. »

PRESSENT de demander, 1°. *au libraire,* les exemplaires dont ils ont besoin pour leurs élèves riches ou aisés; 2°. et à M. le *Ministre de l'intérieur* le nombre qui leur serait nécessaire pour faire participer aux bienfaits de ces LEÇONS non seulement les sourds-muets pauvres qui sont encore auprès d'eux, mais encore ceux qui sont déjà rentrés dans leurs familles, dont ils doivent avoir le nom, l'adresse, etc.

On ne peut douter que M. le Ministre ne soit très disposé à favoriser l'instruction morale et religieuse des sourds-muets : mais il est facile de comprendre qu'il n'a guère le temps de s'en occuper souvent. On ne saurait donc trop s'EMPRESSER, ni faire des demandes trop PRESSANTES.

(1) L'auteur est depuis quelques années en Belgique, où il travaille à la régénération intellectuelle des pauvres sourds-muets de ce royaume. Il devrait y être dans ce moment, et il y serait déjà, s'il n'avait cru devoir faire tous ses efforts pour que son livre parvienne d'abord aux écoles de France,.... l'éducation de ces chers infortunés étant, *sans livre élémentaire,* RÉELLEMENT IMPOSSIBLE.

HUITIÈME LETTRE.

Préfecture de ***, le.... janvier 1835.

« Monsieur,

« Je compatis vivement au malheur des sourds-muets, que je voudrais pouvoir adoucir : je n'ai jamais pour cela négligé aucune occasion. Celle que vous m'offrez n'irait pas à ce but dans le département de ***, où je ne connais (1) aucun sourd-muet sachant lire et écrire. Tout ce que je puis faire, c'est d'inviter l'un des journaux du département à annoncer votre intéressante publication, qu'il me serait bien doux de voir de quelque utilité ici. Ce serait la preuve qu'il y existe de ces infortunés à qui l'éducation a donné une nouvelle vie.

---

(1) Je ne connais.... Sur quatre-vingt-six préfets, je n'ai pas espéré qu'il s'en trouverait *un seul* qui connaîtrait personnellement quatre sourds-muets, même plus ou moins instruits.

Je pense que le premier magistrat de ***, qui m'écrit ici, a conclu de ce qu'il n'en connaît pas, qu'il n'y en a aucun.

Cependant il a l'extrême bonté de faire annoncer mon ouvrage....

Mais il finit par exprimer encore le doute qu'il y ait *un seul de ces infortunés à qui l'éducation a donné une seconde vie.*

. . . .

J'ai espéré que MM. les préfets croiraient fermement, sur la parole de l'expérience, qu'il n'y a pas un seul département qui n'ait déjà fourni tout au moins huit à dix sourds-muets aux diverses écoles, — ou bien qu'ils prendraient la peine de s'en informer avec la sollicitude nécessaire, c'est-à-dire avec toute la sollicitude possible.

« Agréez, Monsieur, l'assurance de ma considération distinguée.

« LE PRÉFET DE ***. »

RÉPONSE DE L'AUTEUR.

Paris, le.... janvier 1835.

MONSIEUR LE PRÉFET,

Quoique très sensible à l'empressement plein de bienveillance que vous avez mis à répondre à la lettre que j'ai eu l'honneur de vous adresser, je ne puis m'empêcher d'en être profondément affligé,... parce qu'il vous a exposé à avancer une chose qui est DE TOUTE IMPOSSIBILITÉ.

Pour qu'il n'y eût pas un seul sourd-muet plus ou moins instruit dans votre département, il faudrait que, depuis quarante à cinquante années, il ne s'y fût pas trouvé un seul préfet, un seul évêque, un seul pasteur, un seul magistrat, un seul homme de bien, assez humain pour jeter un coup d'œil de compassion sur un seul malheureux sourd-muet!!!...

Que dis-je? cela ne suffirait point encore :

Il faudrait, de plus, que tous les pères et mères de cinq à six cents de ces infortunés eussent étouffé tous les sentimens les plus profonds et les plus sacrés de la nature!!!

RÉELLE OU NON, une insensibilité si grande, si inconcevable, et durant tant d'années, n'en est pas moins **IMPOSSIBLE**.

Non, monsieur le Préfet : il n'est pas possible que, depuis la sublime découverte de L'ABBÉ DE L'ÉPÉE, — depuis surtout les succès prodigieux qui, pendant trente années, ont attiré aux exercices de l'immortel ABBÉ SICARD tout ce qu'il y avait de grand et de savant dans le monde, les princes, les rois, les empereurs et le pape même! — il n'est pas possible que, dans un département tout entier, il ne se soit point trouvé un seul homme, une seule femme, un seul être à figure humaine, capable de concevoir et d'exécuter le projet de faire participer un seul malheureux sourd-muet au bienfait de l'éducation.

ET S'IL N'EST QUE TROP VRAI!.... si, par un malheur aussi affligeant pour l'humanité qu'humiliant pour la France, il ne s'est trouvé, dans un département tout entier,.... dans tant de villes, tant de paroisses, tant de communes,.... *dans l'espace de cinquante années*,.... **NI FOI NI ENTRAILLES!!!...**

Que reste-t-il à faire?

Quelles mesures devient-il aussi pressant qu'indispensable de prendre?....

Monsieur le Préfet,

Il dépend de vous qu'un très grand bien résulte d'un très grand mal,.... d'un mal au-dessus de toute expression.

Il dépend de vous que la honte d'une insensibilité si profonde, si constante, si universelle!... la honte d'une inhumanité qui crie vengeance au ciel et à la terre,.... soit effacée par le généreux élan de la compassion la plus tendre et la plus empressée.

Il dépend de vous qu'avant six mois votre nom soit

célèbre dans les quatre ou cinq parties du monde connu (1), et que, réuni un jour à ceux des Vincent de Paule, des abbé de l'Épée, des Champion de Cicé (2), des abbé Sicard et des chanoine Triest (3), il traverse les siècles chargé des bénédictions de la reconnaissance et de l'amour de toutes les générations.

Mais que dis-je?.... Et ne trouverez-vous pas mauvais que j'aie le temps de songer à une célébrité même si glorieuse, lorsqu'il s'agit de voler au secours de cinq à six cents familles désolées;.... lorsqu'il s'agit de soulager la plus grande de toute les infortunes;.... lorsqu'il s'agit de rendre la vie civile et la vie morale à des milliers d'hommes comme nous, de citoyens comme nous, de Français, de chrétiens comme nous;.... lorsqu'il s'agit de prendre les mesures les plus promptes et les plus efficaces pour les réintégrer dans les droits sacrés de la justice, de la religion et de l'humanité?....

Quels sont, monsieur le Préfet, les moyens d'atteindre un but si grand, si noble, si digne de toute

---

(1) Il existe dans le monde entier 120 écoles, auxquelles cet ouvrage parviendra sans doute bientôt.

(2) M. Champion de Cicé fut l'évêque choisi de Dieu pour deviner que l'abbé de l'Épée mourrait pour lui donner un successeur, et pour assurer par là le bienfait de sa sublime découverte à tous les sourds-muets du monde.

Sans M. Champion de Cicé, point d'*abbé Sicard*, point de *Massieu*, point d'instituteurs, point d'écoles;.... sans M. Champion de Cicé, tous les sourds-muets du monde retombaient dans l'abîme de l'ignorance et du malheur.

(3) M. le chanoine Triest est l'un des plus grands bienfaiteurs de l'humanité qu'ait produits la Belgique.

notre ambition?.... un but si doux, si consolant, si capable d'apaiser seul cette soif ardente de satisfaction et de bonheur dont notre ame est dévorée?....

C'est ce que je me ferai un devoir de vous dire, si vous m'y autorisez, et si vous êtes prêt à faire vous-même, en qualité de premier magistrat du département, ce que je prendrai la liberté de conseiller à votre sollicitude, et aux sentimens d'humanité, d'honneur et de générosité dont vous êtes sans doute justement jaloux de faire profession.

Seriez-vous surpris, monsieur le Préfet, de l'extrême franchise de ma lettre?....

J'espère, au contraire, Monsieur, que vous n'y trouverez que l'expression du profond respect, de la haute considération et même de la confiance que m'ont inspirés votre empressement et les sentimens exprimés dans votre réponse,.... et avec lesquels j'ai l'honneur d'être,

Monsieur le Préfet,

Votre très humble serviteur,

PISSIN-SICARD.

P. S. Je ne désigne point votre département, d'abord parce que cette lettre pourra malheureusement peut-être s'appliquer *plus ou moins* à quelques autres;.... et ensuite, afin qu'il reste inconnu, s'il est possible, jusqu'après une réparation convenable.

Je conjure MM. les préfets de croire QU'IL Y A TOUT AU MOINS UN SOURD-MUET PAR COMMUNE;

Et si, par le plus grand des hasards, il y a quelque

commune qui en soit réellement exempte, les communes voisines en ont infailliblement deux ou trois, et quelquefois davantage,.... puisqu'il se trouve des familles où l'on en compte jusqu'à CINQ et SIX.

Parmi les départemens qui possèdent une école, il n'y en a pas un où l'on n'ait cru, *pendant des siècles*, qu'il n'y avait pas un seul sourd-muet;

Et il n'y en a pas un (si l'école existe depuis dix ans) où l'on ne soit aujourd'hui persuadé qu'il y en a six à huit cents.

Voilà ce dont on peut s'assurer auprès des instituteurs qui se trouvent à la tête de la même école depuis six à huit années.

NEUVIÈME LETTRE.

Ces *Leçons de Grammaire et de Morale* se recommandant à toutes les personnes qui font profession de foi, d'espérance et de charité (quelque étrangères qu'elles soient à l'art d'instruire les sourds-muets), ont été adressées, entre autres, à un assez grand nombre d'ecclésiastiques.

Voici une lettre que j'ai eu la vive consolation de recevoir de l'un d'eux, et qui ne sera probablement que la première.

Il m'a été facile de reconnaître celui qui l'a écrite; mais je respecterai le demi-anonyme qu'il a voulu garder. Je me permettrai seulement de dire que c'est un jeune prêtre dont les talens, quoique très distingués, n'égalent cependant point encore l'ardente charité; ce que, du reste, manifestent assez les sentimens et les vœux exprimés dans sa lettre.

Paris, le 15 janvier 1835.

« Monsieur,

« J'ai reçu (et mon cœur s'empresse de vous en témoigner sa vive reconnaissance) un exemplaire de l'ouvrage que vous venez de livrer à l'impression, dans l'intérêt tout spécial des sourds-muets.

« Je l'avouerai franchement : sans être indifférent au sort de ces pauvres créatures, dont vous vous établissez à si juste titre le courageux défenseur, je ne m'étais jamais sérieusement occupé de cette portion si intéressante de la société, et toutefois si cruellement délaissée.

« Mais dès que j'ai lu votre livre avec toute l'attention qu'il mérite ; dès que, sous les charmes de votre persuasive éloquence, j'ai vu briller de tout leur éclat et de toute leur gloire l'abbé de l'Épée et l'abbé Sicard, c'est-à-dire ces deux hommes dont le nom ne mourra qu'avec le monde,.... j'ai éprouvé que quelque chose se remuait au fond de mon ame, et je me suis senti des entrailles de charité pour tant de malheureux, qui ne cessèrent jamais d'être nos égaux, qui sont toujours nos frères bien-aimés en Jésus-Christ, et qui, comme nous, sont destinés un jour à la commune patrie du ciel.

« Je vous le dis, Monsieur, sans flatterie, comme

aussi sans crainte de m'égarer dans mon jugement sur une question d'un si haut intérêt, l'ouvrage que vous publiez n'est pas un livre comme on en voit tant d'autres, pour le malheur et la honte de notre siècle; c'est une œuvre toute de choix (si je puis m'exprimer ainsi) par sa noble et touchante simplicité, et surtout par la hauteur de ses vues de régénération. C'est, de plus, le langage sublime de CELUI qui passa sur la terre en répandant partout les prodiges et les bienfaits; car c'est la main de la Charité qui l'a composé sous les yeux mêmes de la Foi.

« Quant au succès de votre pieuse entreprise, on ne peut en douter un seul instant, à la vue de tous les titres qui vous recommandent si puissamment à l'estime et à la reconnaissance de tous les vrais amis de l'humanité.

« Pour mon compte, Monsieur, je ne puis que vous souhaiter tous les résultats dont vous êtes si digne, pour la guerre à mort que vous venez de déclarer à la dureté du cœur humain, en faveur de tant d'infortunés.

« Mais ce ne serait là, de ma part, qu'un vœu bien pauvre et bien stérile, si je ne désirais plus vivement encore que le Père des lumières, le Dieu qui a pris pour nom LA CHARITÉ, répande toute la plénitude de ses bénédictions sur votre nouvel apostolat;.... et que le clergé français aussi, l'épiscopat à la tête, réponde avec toute l'énergie d'une foi brûlante à l'appel tout de charité que leur fait votre conscience, au nom tout puissant et trois fois sacré DE L'HUMANITÉ, DE LA PATRIE ET DE LA RELIGION.

« J'ai l'honneur d'être, etc., etc.

« l'abbé C. »

DIXIÈME LETTRE.

Voici **MASSIEU** !

Bon Massieu ! cher Massieu ! tu m'appelles *ton soutien et ton défenseur*.... Hélas ! je n'ai jamais rien fait pour toi ; et si je regrette ma faiblesse et ma pauvreté, c'est surtout par rapport à toi.

Eh ! crois-tu que si je n'étais pauvre comme Job, et si j'avais le moindre crédit, je t'aurais laissé entre les mains du bon VANACKÈRE (1), quelque respectables et quelque dignes qu'elles soient ? — Crois-tu que je t'aurais laissé mendier une misérable somme pour faire une école dans une ville et un département où l'on ne t'appréciera qu'après ta mort ? — Penses-tu que je te laisserais encore, avec ta femme et tes enfans, réduit à mille francs par année, pour être directeur,.... instituteur,.... professeur,.... répétiteur,.... surveillant,.... enfin TOUT à toi seul, et tous les jours que Dieu a créés ?.... à soixante ans !.... après avoir si puissamment

---

(1) M. VANACKÈRE père, libraire à Lille.

contribué à former tant de maîtres et à fonder tant d'écoles!!!

O ville de Lille!.... ô département du Nord!.... vous avez eu la force de voter mille francs par an pour faire une école de sourds-muets; frais de premier établissement, professeurs, domestiques, tout, en un mot, pour mille francs par année!!!

Mais que dis-je?.... que dis-je, moi qui ai connu tant d'autres villes et tant d'autres départemens?.... Ah! recevez ici (vous surtout qui avez le plus contribué à cette charitable fondation), recevez ici l'expression de la reconnaissance de tous les sourds-muets du monde et de toutes les générations!.... Vous êtes peut-être la seule ville et le seul département qui ayez si promptement cédé aux pieuses instances des amis des pauvres sourds-muets. — Partout ailleurs, des années entières de travaux et de succès ne suffisent point pour obtenir un semblable encouragement!....

O magistrats (1) de tous les pays du monde!!!

Les sourds-muets sont le moindre de vos soucis; et vous croyez avoir répondu à tout quand vous avez dit : JE N'EN CONNAIS POINT. (2)

---

(1) *Préfets, maires, conseillers généraux et municipaux.* — J'en suis fâché pour ceux qui peuvent mériter ces reproches : ce n'est pas moi qui fais la vérité; je me borne à la dire.

D'ailleurs qu'on se hâte,.... qu'on se hâte de réparer le mal, et alors l'empressement du présent fera sans peine oublier la négligence du passé.

(2) Vous n'en connaissez point?.... Mais lorsqu'on vous les présente, lorsqu'on vous en fatigue l'esprit, les yeux et les oreilles, pourquoi n'en faites-vous NI PLUS NI MOINS?

Lorsqu'on vous assure que, dans une foule d'autres départemens,

— Vous n'en connaissez point?.... Eh bien! vous saurez un jour qu'il y en avait. — C'est au poids de ce que vous aurez fait pour les sourds-muets que l'on pèsera vos titres à l'estime et à la considération publiques.

« Ils s'occupèrent sans relâche des chevaux, des « boeufs, et de toutes les espèces d'animaux; — ils éta- « blirent des concours, des primes, des encouragemens; « — ils prévirent tout, ils pourvurent à tout, ils eurent « des moyens pour tout;....

« *Et ils laissèrent mourir de faim, de misère, d'igno- « rance et de désespoir,* des milliers de sourds-muets,

---

il n'y en avait point, et puis, qu'il s'y en est trouvé sept à huit cents;.... lorsqu'on vous assure qu'il y en a autant partout,.... pourquoi ne prenez-vous pas les informations les plus sévères et les plus minutieuses? — Pourquoi vous arrêtez-vous au chiffre? — Pourquoi criez-vous à l'exagération?

Y en a-t-il beaucoup moins? — Soit : combien en supposez-vous? — Deux à trois cents?.... Eh bien! fondez deux ou trois écoles.

N'en admettez-vous que cinquante? — Eh bien! faites-les participer au bienfait de l'éducation.

N'y en a-t-il que dix? — Faites-en faire dix *Massieu;* faites pour ces dix infortunés tout ce que vous voudriez que l'on fît pour vous-mêmes ou pour vos enfans.

Méritent-ils moins votre attention et votre intérêt, parce qu'il n'en coûterait presque rien pour faire leur bonheur et le bonheur de leurs familles?

Grand Dieu! qui pourra jamais comprendre l'excès d'aveuglement et de contradiction dont l'esprit humain est capable, lorsqu'on le sépare du cœur et des entrailles?

Mais que dis-je?.... Veut-on savoir la cause d'une insensibilité si ignominieuse, si désolante et si révoltante? — La voici : Un homme qui propose une œuvre de bienfaisance ne peut point ne pas donner l'exemple. Il faudrait se mettre à la tête d'une souscription : — Or,

« des milliers d'hommes qui auraient été leurs sembla- « bles, s'ils eussent été eux-mêmes des hommes.

« Ils ne firent rien pour les sourds-muets.

« Ni le triste spectacle de l'humanité avilie et dégra- « dée dans ces infortunés,.... ni le sombre désespoir de « leurs pères,.... ni les soupirs, ni les larmes, ni les « cris déchirans de leurs malheureuses mères,.... rien, « **RIEN AU MONDE** ne put amollir ces cœurs de pierre, « ces cœurs de fer et de bronze!!! »

Voilà ce que l'on dira de tous ceux qui l'auront mérité.

---

on ne veut pas *donner peu*, par amour-propre, par orgueil, par vanité;.... et on ne veut pas *donner beaucoup*, par avarice.

On est trop fier pour donner peu, et trop égoïste pour donner beaucoup.

Au lieu de concilier la justice avec la compassion, on concilie l'orgueil avec l'inhumanité.

Voilà, voilà l'unique cause de cet affreux désordre.

Qu'un maire ou un préfet se mette à la tête d'une liste de souscription; qu'il la présente à tous ceux qui se croient les premiers de sa ville ou de son département,.... et l'on aura bientôt de quoi commencer; et alors tous ceux qui auront donné se mettront à quatre pour obtenir de toutes parts les secours convenables.

Il n'est pas nécessaire, au reste, d'être maire ni préfet; il n'y a personne qui ne puisse en faire autant : — les pasteurs surtout! quelle facilité n'auraient-ils pas à fonder des écoles de sourds-muets! quels moyens puissans la religion ne leur fournit-elle point, non seulement auprès des ames chrétiennes, mais encore auprès de *tous ceux qui ont peur!* Eh! qui pourrait dire leur nombre?....

D'un côté *le Calvaire*,... et de l'autre *l'enfer*;....

Et, par-dessus tout, l'éternité :

L'ÉTERNITÉ!!!.... voilà de quoi fonder bien des écoles de sourds-muets!

On citera aussi un MAIRE DE SAINT-ÉTIENNE, qui a fait tous ses efforts pour posséder une école de sourds-muets,.... qui peut-être n'a pu encore y réussir,.... mais qui, en favorisant M. Combéry, fut le premier fondateur de celle de Lyon, comme l'illustre Champion de Cicé, en fondant l'école de Bordeaux, a été le sauveur de celle de Paris et de toutes les institutions du monde.

On signalera UN PRÉFET, UN COMTE D'ALLONVILLE, qui découvrit,.... lui!.... dans le département du Puy-de-Dôme, plus de deux cents sourds-muets au-dessous de quinze ans, avant qu'un seul instituteur y eût paru. — Bon comte d'Allonville! vénérable et cher comte d'Allonville! quel département a mérité de te posséder? Je ne t'ai aperçu qu'une fois jouant, sur une place publique, avec tes enfans : que tu étais respectable! que tu étais grand! que tu étais beau de simplicité et de tendresse paternelle!

On fera connaître tous ceux qui leur auront ressemblé, et on les recommandera au respect et à la reconnaissance de l'univers entier, jusqu'à la dernière consommation. (1)

---

(1) Respectable SALVAGE, d'Aurillac;.... DELMAS père, de Montsalvy,.... et vous tous qui témoignâtes aux sourds-muets un intérêt qu'ils rencontrent partout ailleurs si rarement,.... on parlera aussi de vous, de vos épouses et de vos enfans : mais votre département mérite, à lui seul, une longue histoire générale et plusieurs histoires particulières.

Là aussi un préfet n'avait pu, en trois ou quatre années, trouver cinq sourds-muets pauvres; et lorsque, avant deux ans, j'en eus 47 dans une école comme il n'y en eut jamais, IL N'EN FIT NI PLUS NI

Mais vous serez connu des premiers, vénérable VANACKÈRE! vous qui avez accueilli avec tant de bienveillance et d'empressement l'ombre vivante de votre illustre ami! vous qui l'avez reçu avec sa famille dans votre propre maison, et qui l'avez traité comme vous auriez traité son maître! — Vous serez connu des premiers, VOUS SURTOUT, parce que, sans vous, rien de ce qui a été fait à Lille n'eût été fait; et je vous prie de recevoir ici, par mon faible organe, l'expression et

---

MOINS; il voulut partir avec la satisfaction de n'avoir rien fait pour les sourds-muets.

Et toi, VILLE DE SAINT-FLOUR, où mes enfans furent reçus dans le séminaire, comme dans la véritable maison des agneaux de Dieu,.... tu seras célèbre aussi,.... à l'occasion de cet attentat dont tu fus le triste témoin et le déplorable théâtre. — Mais j'ai besoin d'aller m'informer soigneusement des noms et prénoms de tous ces hommes et de toutes ces femmes qui eurent le courage de se déclarer SICARDISTES contre un président étranger, et en faveur d'un malheureux sourd-muet.

Sensible et précieuse famille de Perret! c'est vous qui donnâtes l'élan à cette ardente sympathie dont il devint l'objet,... mais, hélas! si vainement!

« Cher et infortuné Sauron! tu traînes sans doute encore la chaîne de l'ignominie et du désespoir!!! »

Un malheureux qui fut CONDAMNÉ, réellement et à la lettre, SANS ÊTRE ENTENDU!!!

Un grand bel homme de vingt-cinq ans, courageux comme un lion et doux comme un agneau!

Il était le plus adroit chasseur et le plus habile laboureur du département; et l'on conclut de là qu'il devait avoir *des idées claires et précises* du juste et de l'injuste, du bien et du mal moral!... Quelle misère! quelle ignorance!.... mais, par-dessus tout, quel cruel et impitoyable entêtement!

J'offris vainement de me charger de faire son éducation dans sa

l'assurance de la mémoire du cœur de tous les amis de l'humanité de tous les siècles. *Aurum nec argentum habeo, sed quod habeo tibi do* (1) : je peux recommander votre nom à la vénération et à la reconnaissance de tous les sourds-muets du monde ; ils le trouveront ici ; ils le rapprocheront de ceux de l'abbé Sicard et de Massieu ; ils en remarqueront toutes les lettres ; ils les combineront ensemble ; ils les enchaîneront à jamais, et votre nom restera gravé dans leur cœur jusqu'au-delà de l'éternité.

. . . .

Bon Massieu ! cher Massieu ! continue de vivre sous les yeux de Dieu et de marcher en sa présence ; continue de faire ce que tu as fait pendant soixante années : TRAVAILLE GRATUITEMENT,.... SOUFFRE ET TAIS-TOI.... Mais lève la tête ; regarde le ciel :.... au ciel,.... AU CIEL, mon cher Massieu ; et si tu m'y précèdes, souviens-toi que tu m'as appelé ton soutien et ton défenseur ; et souviens-toi d'y être mon défenseur et mon soutien.

. . . .

---

prison ; et aujourd'hui je m'en chargerais encore. Je suis sûr qu'il deviendrait un Clerc ou un Massieu,.... si même il ne réunissait l'esprit de l'un au génie de l'autre.

« Parle, VERBE ÉTERNEL !.... si même il fut coupable, n'a-t-il point assez expié un crime dont tu sais bien qu'il ne pouvait absolument pas connaître toute l'énormité ? — Il a à peine trente-deux ans ; à quarante ans, il peut fonder une école : que d'enfans ! que de chrétiens ! que de saints il peut te faire encore ! ! ! »

(1) « Je n'ai ni or ni argent ; mais ce que je peux te donner, je te le donne : LÈVE-TOI, ET MARCHE.... » Saint Pierre, *guérison d'un paralytique*.

Voici MASSIEU; voici la bonté même;

Voici la sincérité et la simplicité personnifiées;

Voici la douceur et la patience incarnées;

Voici le génie caché sous la plus aimable bonhomie;

Voici MASSIEU, voici l'ombre vivante de l'abbé Sicard;

Voici *la mémoire du cœur* (1), pour laquelle il n'y a *point de passé*; (2)

Voici l'une des *deux barres de fer forgées ensemble* (3), pour résister à tous les efforts des ennemis des lumières, de la religion et de l'humanité; à tous les efforts des ennemis de Dieu et des hommes.

Voici MASSIEU; voici celui qui était aussi indispen-

---

(1) *D.* Qu'est-ce que la reconnaissance?

R. C'est la mémoire du cœur. (MASSIEU.)

(2) En 1814 ou 1816, madame la duchesse de BOURBON, pressée de revoir ses meilleurs amis de France, invite l'abbé Sicard et Massieu :

« Il y a bien long-temps que nous ne nous sommes vus, mon cher Massieu », lui écrit-elle;

Car les grands et les savans, et les plus grands et les plus savans se faisaient un plaisir de l'appeler, comme son illustre maître, *mon cher Massieu.*

— « Oui, madame, répond-il; c'était un *tel* jour,.... de *tel* mois,.... de *telle* année ». (Il y avait plus de vingt ans.)

Je crois même me rappeler qu'il ajouta : « C'était un mercredi, à *telle* heure. »

« Quelle mémoire! » s'écrie-t-on; et l'abbé Sicard, dont il était le dictionnaire vivant, s'étonne plus que les autres.

« Il n'y a point de passé pour moi », ajoute timidement Massieu, qui ne voit rien que de très simple et de très naturel dans sa réponse, et qui s'étonne à son tour de la surprise générale.

(3) *Voyez la note de la page* 34.

sable que l'abbé de l'Épée et l'abbé Sicard à la régénération intellectuelle et morale de tous les sourds-muets du monde;

Voici l'homme choisi de Dieu pour rendre des milliers de soutiens à leurs familles, de citoyens à l'État, de chrétiens à l'Évangile, de saints à l'éternité.

Voici celui par qui est resté tout ce qui avait été fait pour les sourds-muets, et sans qui, rien de ce qui avait été fait ne serait resté.

Combien d'autres s'étaient déjà occupés des innocentes victimes de la cruelle surdité!.... (1) Mais chacun

(1) Plusieurs essais dans le même genre avaient été tentés dans les siècles précédens; mais ils avaient eu tous un succès si médiocre, qu'à peine en était-il resté un faible souvenir. Les premiers amis de l'humanité qui s'occupèrent des sourds-muets avaient reconnu la possibilité de leur enseigner la mécanique des sons articulés, et tous avaient voulu en faire des êtres *parlans* : (*beau miracle! Ils ont tous parlé, et les neuf dixièmes parlent encore lorsqu'on les présente à l'instituteur,.... c'est-à-dire ont conservé plus ou moins des mots les plus usuels.*) — Mais ce succès obtenu, à Paris même, par un Portugais nommé Perreire, de la manière la plus brillante, ... de quel avantage eût-il pu être pour établir entre les sourds-muets et les parlans une communication quelconque, si l'on n'eût jamais tenté d'autre moyen? — A quoi aurait servi au sourd-muet la faculté de répéter des mots qui, à la vérité, auraient pu être les signes d'objets sensibles et d'actions qui frappent les regards,.... si l'infortuné, qui aurait donné ce touchant spectacle, n'eût pu être amené à la connaissance des signes des opérations de l'intelligence, et de ces mots, signes d'idées factices, que les grammairiens nomment *abstractifs*, dont les originaux n'existent nulle part? ...

Reconnaissance éternelle à celui qui, ne voyant rien de bien réel dans ce succès, en a cherché un autre plus véritable! — Reconnaissance à jamais à celui qui a vu de plus grandes difficultés, et qui n'en a pas été effrayé;.... qui a vu de plus grands obstacles que ceux

avait son secret,.... le secret de la présomption, de l'ignorance et du mensonge. Pas un n'ayant fait UN MASSIEU, tout est mort avec eux; leur méthode, leur prétendu secret, leurs élèves, tout est retombé dans l'oubli. Ils sont tous comme s'ils n'avaient jamais été; et qui est-ce qui se souvient seulement de leur nom?

Faiseurs de découvertes renouvelées des Grecs! faiseurs de perfectionnemens! faiseurs de sons rauques et inintelligibles!.... (1) UN MASSIEU!.... UN MASSIEU!....

---

qu'opposait un organe naturellement imitateur, et qui n'en a été que plus ardent à remplacer ce sens si merveilleux (*l'ouïe*), particulièrement destiné à mettre les ames en rapport,.... en créant une théorie de signes méthodiques, à la faveur desquels il n'y eut plus, à l'avenir, NI SOURD NI MUET dans le monde!

Comment osa-t-il espérer,.... etc., etc....?

Comment ne fut-il pas découragé,.... etc., etc....?

Eh! aurait-il osé commencer,.... etc., etc....?

Que pouvait-il espérer des plus grands efforts,.... etc., etc....?

Pouvait-il ne pas être effrayé,.... etc., etc....?

TOUTES CES DIFFICULTÉS DISPARURENT AUPRÈS DES AVANTAGES QUE LUI PROMETTAIT LA CONQUÊTE QUE MÉDITAIT SON COEUR, AUPRÈS DE LA VICTOIRE QUI SERAIT INFAILLIBLEMENT UN JOUR LE PRIX DES EFFORTS DE SON INÉPUISABLE CHARITÉ. — IL ESPÉRA TOUT CE QUE DÉSIRAIT SON ZÈLE, ET IL NE CRAIGNIT PAS DE DÉSIRER CE QUE TOUT AUTRE AURAIT CRU IMPOSSIBLE. (L'abbé SICARD, *Théorie des Signes*, introduction.)

Si les aveugles qui ont l'ignorante et envieuse petitesse de vouloir diminuer la gloire de l'immortel abbé Sicard, prenaient la peine d'écrire seulement trois ou quatre pages comme les plus faibles des siennes,... ils seraient toujours inexcusables sans doute; — mais du moins ils ne soulèveraient pas le cœur d'indignation et de pitié.

(1) « Mais je les fais parler très distinctement. » — Leur faites-

faites-nous un *Massieu*, un *Clerc*, un *Gard*, un *Bonnafoux*, un *Berthier*,.... et tant d'autres!.... et « aux œuvres nous reconnaîtrons les ouvriers. »

. . . .

---

vous lire le français aussi facilement et aussi bien que les chantres lisent le latin? — Les mettez-vous à même de prononcer aussi clairement, aussi distinctement, et avec autant de douceur, de grâce et d'harmonie que les pieuses filles de Vincent de Paul, lorsqu'elles psalmodient : *Dixit Dominus Domino meo?*

Et quand vous en viendriez là; quand vous en arriveriez à ce point de perfection, de quoi cela leur servirait-il?.... à quoi cela les avancerait-il, s'ils ne comprenaient pas plus une langue qu'une autre?.... s'ils ne comprenaient pas un seul de tous les mots qu'ils prononceraient si bien?....

Conçoit-on que nous en soyons encore, en 1835, à une question débattue et décidée depuis plus d'un demi-siècle,.... et dont la solution est d'ailleurs si évidente?

Doit-on blâmer les moyens simples et faciles que l'on peut prendre pour conserver la parole à ceux qui en ont joui pendant long-temps, et qui, le plus souvent, parlent encore lorsqu'ils arrivent à l'école?... — Non sans doute,.... si l'on ne s'en occupe que très secondairement, et sans que le développement de leur intelligence (au moyen de la langue qui leur est naturelle) puisse en souffrir le moins du monde.

Doit-on blâmer les efforts que l'on peut faire pour leur rendre le sens inappréciable de l'ouïe?... — A Dieu ne plaise! L'on ne saurait trop, au contraire, encourager la médecine sous ce rapport, QUI EST, SANS CONTREDIT, LE PLUS IMPORTANT. C'est l'ouïe qu'il faut rendre avant tout et par-dessus tout.

Mais vouloir que tous les sourds-muets parlent; — vouloir les instruire par la parole seule; — négliger la langue des signes, qui est la seule qu'ils comprennent, et la seule qui puisse leur servir de terme de comparaison pour apprendre toutes les autres; — prétendre qu'au mouvement des lèvres, ils peuvent saisir tous les mots et leur

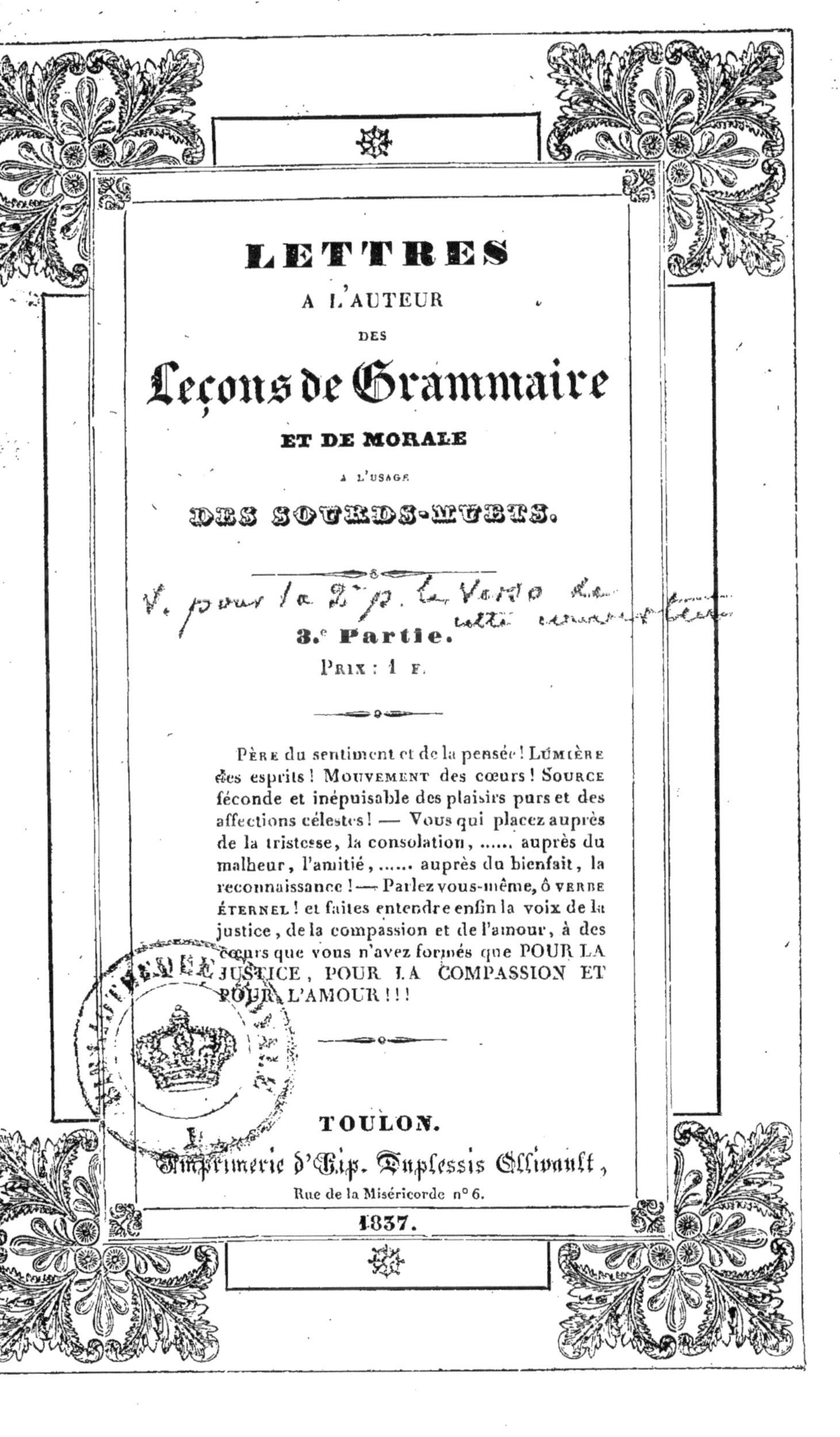

LETTRES
A L'AUTEUR
DES
Leçons de Grammaire
ET DE MORALE
A L'USAGE
DES SOURDS-MUETS.

3.e Partie.

PRIX : 1 F.

PÈRE du sentiment et de la pensée ! LUMIÈRE des esprits ! MOUVEMENT des cœurs ! SOURCE féconde et inépuisable des plaisirs purs et des affections célestes ! — Vous qui placez auprès de la tristesse, la consolation, ... auprès du malheur, l'amitié, ... auprès du bienfait, la reconnaissance ! — Parlez vous-même, ô VERBE ÉTERNEL ! et faites entendre enfin la voix de la justice, de la compassion et de l'amour, à des cœurs que vous n'avez formés que POUR LA JUSTICE, POUR LA COMPASSION ET POUR L'AMOUR !!!

TOULON.
Imprimerie d'Hip. Duplessis Ollivault,
Rue de la Miséricorde n° 6.
1837.

MM. les Associés n'ont pas encore reçu la deuxième partie de ces Lettres à l'Auteur, *et plusieurs n'ont même pas reçu la première (depuis longtemps épuisée); — C'est avec connaissance de cause. — Chacun recevra, aussitôt que possible, tout ce qui sera juste et convenable, ... et plus encore, pour peu que les circonstances le permettent.*

Pour la PROPAGATION des livres à l'usage et en faveur des S.-M., on donne 20 fr. en une ou deux fois, — et l'on reçoit toutes les livraisons qui ont déjà paru, y compris cette troisième partie.

Pour LE LIVRE DE PRIÈRES, ON PRÊTE 100 f. que l'instituteur fera recevoir à domicile, dans le courant du trimestre 1837 que chaque bienfaiteur aura désigné, — à moins que l'on ne préfère verser immédiatement *tout* ou *partie*

A MARSEILLE, chez M. Marius OLIVE, rue Paradis n° 45; ou chez M. LANASPÈZE, rue S.t Ferréol n° 20.

A TOULON, chez M. Hip. DUPLESSIS OLLIVAULT, rue de la Miséricorde n° 6; ou chez M. l'Abbé GIBERT, directeur de la bibliothèque chrétienne.

A BRIGNOLES, chez M. PISSIN, orf. et horl., place Carami.

A FRÉJUS, chez M. PEYRON, au grand séminaire.

A AIX, chez M. AUBIN, ou chez M. SARDAT, lib.

A PARIS, chez M. Gustave PISSIN, libr. pl. du Palais de justice n° 1.

A

A

N. B. L'instituteur reçoit avec plaisir et reconnaissance, (et fait imprimer, quand on ne s'y oppose pas) toutes les lettres dont on veut bien l'honorer, pour l'aider à plaider la cause des pauvres S.-M. — Tout doit être AFFRANCHI, ou envoyé par *occasion*.

Voyez la page 3 de la couverture, après la table des matières.

À Monsieur PISSIN-SICARD, *Instituteur de Sourds-Muets.*

MONSIEUR,

J'ai regretté d'autant plus vivement de n'avoir pu entendre vos discours en faveur des Sourds-Muets et dans l'intérêt des enfants qui entendent et parlent, qu'ils ont été (d'après tout ce que j'en ai appris) plus conformes à mes principes, ainsi, au reste, qu'à la haute opinion que devaient en faire concevoir et le nom illustre et cher à l'humanité que vous portez, et votre long dévouement aux chers enfants de votre adoption.

Je me suis empressée de m'associer à la propagation de vos ouvrages, autant pour me dédommager, par leur lecture, de la perte que j'avais faite en n'assistant point à vos séances, que pour me joindre aux personnes qui vous avaient déjà témoigné leur juste sympathie.

Vous dirai-je, Monsieur, combien j'ai été touchée de l'excès de la misère intellectuelle et morale de ces êtres si cruellement disgraciés, si innocens de leur infortune, et cependant si délaissés jusqu'à ce jour ?.... Combien j'ai été affligée de cet esprit d'indifférence et d'impiété, qui, dans cette ville comme dans toutes les autres peut-être, s'oppose à vos généreux efforts ? — Non certes, j'aurais trop à faire, et d'ailleurs je ne pourrais vous dire que ce que vous connaissez aussi bien que moi, et ce qui vous afflige sans doute aussi profondément.

C'est au contraire pour vous consoler un peu et vous encourager, que j'ai l'honneur de vous écrire : c'est pour vous prouver que, s'il se trouve des âmes assez peu généreuses pour oser élever des soupçons contre votre beau dévouement et votre si rare désintéressement, il s'en trouve aussi de capables de les comprendre et de les apprécier, et qu'elles se font un plaisir de vous donner des preuves non équivoques de leur sincère et profonde estime.

Parmi toutes les choses si attendrissantes que vous dites au sujet des pauvres S.-M., et du long et inconcevable abandon presque universel dans lequel ils gémissent encore, ce qui a le plus fixé mon attention et attendri mon âme, c'est l'absence totale d'un livre, *d'un seul livre de prières* à la portée du plus grand nombre de ces infortunés.

Quoi donc ! « les 19/20 de ceux mêmes qui sortent des écoles n'ont pas encore un seul livre » qui puisse leur faire comprendre et leur rappeler sans cesse que, si leur misère est grande, le terme du moins en approche tous les jours, et qu'ils ont, dans le Ciel, UN PÈRE témoin de leurs douleurs et de leurs souffrances, qui récompensera leur résignation d'une éternité de gloire et de bonheur!...

Eh! Pourquoi (comme vous le dites si éloquemment) « le Fils unique du Dieu vivant est-» il descendu du Ciel sur la terre? — N'est-ce » pas surtout pour les S.-M. qui, n'ayant que » des yeux, ont besoin de le voir, depuis » l'étable jusqu'au calvaire, depuis la crèche » jusqu'à la croix, *souffrant et se taisant*, » comme ils sont condamnés eux-mêmes à » souffrir et à se taire jusqu'au grand jour, » où ils élèveront leur voix en faveur de leurs » bienfaiteurs, et contre ceux et celles qui les » auront négligés? *

» Pourquoi se montre-t-il encore constam-» ment sourd et muet sur la croix et dans le » Très-Saint Sacrement de l'autel?...... si ce » n'est pour nous rappeler qu'il y a des S.-M., » et que c'est *pour eux comme pour nous* » qu'il a vécu, qu'il a souffert et qu'il est mort, » — que c'est *pour eux comme pour nous* qu'il » est ressuscité, — et que c'est *pour eux comme* » *pour nous* qu'il viendra un jour dans tout

* Les passages marqués de *guillemets* sont tirés des ouvrages de l'instituteur.

» l'éclat de sa gloire, de sa puissance et de sa ma-
» jesté, RENDRE A CHACUN SELON SES OEUVRES. »

Grand Dieu! eh! que font donc les hommes de foi, d'espérance et de charité, depuis la sublime découverte qui a immortalisé vos deux illustres maîtres? — Ils n'ont donc pas encore compris qu'il y a *infortunes* et INFORTUNES, et qu'il faut distinguer entre les bonnes œuvres? — Ils n'ont donc pas encore compris « que tous les autres hommes (absolument
» tous..... quelles que soient toutes leurs cir-
» constances), ont à leur disposition conti-
» nuelle et Moïse, et les Prophètes, et Notre
» Seigneur lui-même, et son Évangile, et les
» Apôtres, et les Martyrs, et tous les Saints
» qui ont existé depuis l'origine des siècles,
» et des moyens incalculables d'instruction
» et de salut, — tandis que les malheureux
» Sourds-Muets n'ont ni Moïse, ni les Pro-
» phètes, ni J.-C., ni sa divine morale, ni
» ses ineffables consolations.... et sont dans
» l'impossibilité manifeste d'avoir la moindre
» connaissance précise à cet égard, sans une
» éducation spéciale et proportionnée à leur
» infirmité?.... »

Quant à vous, Monsieur, il est plus qu'évident que si vous eussiez été moins prodigue, ou plutôt moins généreux et bienfaisant dans les départements de l'Aveyron, du Cantal, du Puy-de-Dôme, etc. etc., vous auriez conservé de quoi faire imprimer cet ouvrage, et il existerait depuis long-temps.

Si mes moyens me permettaient de vous en offrir les frais, je n'hésiterais pas à les mettre à votre disposition. Mais ce que nous ne pouvons ni vous, ni moi, ni sans doute des milliers d'autres comme nous, ... une société, une réunion, un certain nombre de pauvres comme vous et moi ne pourraient-ils point le faire ?

Il me semble que si une ou deux centaines de personnes vous prêtaient seulement 50 ou 100 fr. chacune.. (et qui est-ce qui ne peut pas prêter 50 ou 100 fr.?....) vous auriez bientôt une somme suffisante pour cet ouvrage si désirable, et qu'il est si triste que l'on ne voie point encore entre les mains de tous ces infortunés. *

* Il semble, au premier coup-d'œil, que les *frais d'impression* d'un livre de messe ne doivent pas être très-considérables, ne doivent pas dépasser 2, 3 ou 4,000 f.; mais quand on considère qu'un livre de prières *pour les sourds-muets* devra nécessairement contenir une foule d'images gravées ou lithographiées, l'on conçoit que les avances iront sans peine à 10, 15 ou 20,000 f., sous peine de ne point faire un livre réellement à la portée du plus grand nombre de ces infortunés. — D'un autre côté il convient essentiellement de le faire tirer à un très-grand nombre d'exemplaires, afin qu'il puisse parvenir surtout aux

Puisqu'il existe déjà 25 à 30 écoles en France, il doit être attendu avec une grande impatience par tous les instituteurs : son placement est donc d'autant plus assuré que les parens de ceux qui ont achevé leurs études depuis plus ou moins de temps, s'empresseront sans doute aussi de le procurer à leurs malheureux enfants S.-M.

Il suffira donc que l'on vous prête cette somme que vous serez certainement à même de rendre à chacun dans trois années, par exemple.

Par ce moyen, sans donner une obole (puisqu'on ne fera que *prêter*) on rendra à ces innocentes créatures et à leurs familles le service sans contredit le plus grand qu'il soit possible de leur rendre.

Si, comme je l'espère, vous approuvez cette nouvelle manière de contribuer au soulagement des pauvres S.-M., je mets dès ce moment à votre disposition la somme de cent francs que vous pouvez me demander quand il vous plaira.

sourds-muets pauvres. L'auteur de cette lettre a donc très-judicieusement pensé qu'il n'y avait qu'un certain nombre de personnes bienfaisantes qui pussent concourir à faire faire un ouvrage de cette nature d'une manière convenable, et tout-à-fait propre à remplir le but éminemment chrétien qu'on se propose.

Il va sans le dire que vous n'affranchirez point votre réponse. — 100 lettres affranchies de Paris, par exemple, vous coûteraient 100 fr., tandis qu'il n'en coûtera qu'un franc à chaque personne qui les recevra, et ce sera autant d'économisé pour vos chers enfants S.-M.

De plus, je vous autorise à faire de cette lettre l'usage que vous jugerez convenable : je ne me dissimule point qu'elle est peut-être destinée à une certaine publicité, puisque c'est pour que d'autres en fassent autant que je vous propose ce moyen, qui me paraît à la portée des plus médiocres fortunes.

Cette considération m'a fait hésiter quelque temps à vous l'adresser ; mais le désir d'être utile à tant de milliers d'infortunés l'a emporté sur ma répugnance à être connue. Vous comprendrez cependant de reste que je désire n'être nommée que dans les circonstances qui pourront l'exiger.

Quatre autres personnes, que vous devinerez sans peine, mettent chacune leur modique offrande à votre disposition : puisse cette petite somme faire bientôt la boule de neige, et vous mettre à même de faire imprimer cet ouvrage dès l'année 1837.

Il me semble que si vous communiquez cette pensée à toutes les personnes qui vous ont déjà donné leur signature pour *la propagation de vos leçons de grammaire et de morale*, *etc. etc.*, elles s'empresseront sans doute, pour la plupart, de vous autoriser à compter sur elles pour cette publication spéciale; de sorte que vous pourrez vous livrer sans délai à ce travail unique, qui est sans contredit le plus indispensable et le plus pressant.

Il suffirait même, si je ne me trompe, que vous écrivissiez à Marseille : ..... MARSEILLE SI GÉNÉREUSE ET SI CATHOLIQUE ! .... Marseille où tous les organes de la presse vous ont rendu une si éclatante justice !

Vous pensez bien, Monsieur, que nous ne nous contenterons pas de notre modique offrande : nous croyons pouvoir compter sur quelques amis à qui il nous suffira d'en ouvrir la bouche, et qui nous sauront même gré de leur avoir fourni une si belle occasion de faire, *à si peu de frais*, un bien immense à l'humanité. *

Comme vous le voyez, Monsieur, notre petite société est loin de partager l'opinion

* Voilà la véritable charité, aussi zélée qu'ingénieuse. . . . bien différente de cette dureté impitoyable qui, sous le prétexte que l'on ne peut contribuer à toutes les bonnes œuvres, NE FAIT RIEN POUR AUCUNE, —et de cette lâche tiédeur qui accorde plus à l'importunité qu'à la justice et à l'humanité.

de ceux qui prétendent que vous feriez mieux de faire une école, que de vous livrer au laborieux apostolat que vous a créé votre ardente charité. Si vous entrepreniez de fonder une nouvelle école, vous n'auriez probablement pas pour deux ou trois années d'existence; et songez à la perte que feraient les pauvres S.-M.!

Si vous faites une école *normale*, et ensuite, au moyen de deux ou trois collaborateurs capables d'entrer dans toutes vos vues, une école *modèle*, à la bonne heure; mais hors de là, nous vous conjurons de ne vous occuper que des ouvrages si importans que vous avez entrepris,.... et avant tous les autres, DU LIVRE DE PRIÈRES.

Nous comprenons très-bien qu'avec vos livres et des Sourds-Muets, tout homme de bonne volonté pourra devenir instituteur; tandis qu'il n'y a peut-être que vous qui puissiez faire ces ouvrages, les autres instituteurs qui en seraient capables, ayant sur les bras une foule d'élèves, et ne pouvant pas plus songer à faire des livres que vous ne le pouviez vous-même, lorsque vous aviez, à Rodez et à Monsalvy, 50 enfants « dociles comme » Isaac, pieux comme Joseph et aimables » comme Benjamin. »

Si les 50,000 Sourds-Muets de France, que dis-je? si tous les S.-M. du monde qui s'agitent nuit et jour dans votre cœur, ou plutôt qui y gémissent dans mille situations différentes, vous permettent de vous souvenir des personnes qui font les vœux les plus sincères pour le succès de vos généreux efforts, veuillez bien, Monsieur, ne pas oublier, devant le grand Sourd-Muet du Calvaire, la famille de celle qui a l'honneur d'être,

Monsieur,

votre, etc. etc.

VEUVE ****

Novembre 1836.

Quoique cette lettre soit encore très-peu connue, déjà plusieurs personnes d'Hyères, de Toulon et de Brignoles ont donné leur signature pour cette spécialité.

La liste en sera imprimée au premier jour, avec celle de tous les associés à la propagation des autres livres.

N. B. Il suffira que les personnes bienfaisantes à qui N.S. inspirera de contribuer à cet ouvrage si long-temps attendu, donnent leur adresse. — L'Instituteur fera recevoir à domicile, dans le TRIMESTRE de l'année 1837,

DÉSIGNÉ par chaque bienfaiteur, ... à moins qu'on ne préfère verser immédiatement, aux adresses ci-dessus, page 3.

Il n'est sans doute pas nécessaire de dire que ce livre (qui ne contiendra d'ailleurs que les prières les plus universelles, présentées de la manière la plus claire et la plus simple), sera cependant soumis à l'approbation de l'autorité compétente.

Au même.

La lettre suivante est d'un véritable ami des pauvres, d'une âme essentiellement compatissante, . . . à qui il n'en a coûté, pour devenir L'UN DES PLUS GRANDS BIENFAITEURS DE TOUS LES SOURDS-MUETS DU MONDE, que d'avoir quelques souvenirs des travaux et des succès des illustres Abbés de l'Épée et Sicard, et de donner un libre cours à ses sentimens de générosité, de bienfaisance et d'admiration pour tout ce qui est grand, noble et utile à l'humanité.

Hyères le 14 *décembre* 1836.

MONSIEUR ET CHER AMI,

Je suis sensible à l'empressement que vous avez mis à me communiquer la lettre que vous avez reçue. Vous m'avez rendu justice en étant persuadé que je la lirais avec la plus vive satisfaction.

Je crois ne pouvoir vous en donner une preuve moins équivoque, ni entrer en même-temps d'une manière plus efficace dans les vues de la respectable veuve qui vous l'a écrite, qu'en vous engageant fortement à vous hâter de la faire imprimer. Comme il est impossible de rien dire de plus réellement pieux et charitable au sujet des S.-M. et de votre véritable apostolat, je ne puis que condamner au si lence ce que j'avais eu moi-même l'intention de faire paraître, et payer le tribut de mon entier assentiment, en vous encourageant a répandre une lettre si remarquable et si importante, sans absorber tous vos précieux momens; car s'il vous fallait la copier toujours, comme vous l'avez fait pour moi, où en seriez-vous? — La faire copier serait encore aussi long que coûteux : ainsi l'impression au plutôt.

Si j'en juge d'après les succès qu'elle a eus dans notre petite ville, cette lettre vous mettra bientôt au comble de vos vœux, en vous donnant les moyens de procurer quelques consolations à tous les S.-M. de France, par un livre de prières à la portée de l'intelligence de tous ceux qui auront été dans une école, et qui hâtera certainement l'heureuse époque où ils participeront tous aux bienfaits inappréciables d'une bonne éducation.

J'ai le plaisir de vous annoncer déjà les signatures de *M. le comte de Beauregard*, — *Mlles. ses Sœurs*, — *Mad. la marquise*, *leur mère*, — *Mad. de Gerin*, — *Mad. la comtesse de Symoni de Broutière*.... et je crois pouvoir compter sur quelques autres personnes généreuses.

Au fait, comme le dit fort bien cette Dame, QUI EST-CE QUI NE PEUT PAS PRÊTER CINQUANTE OU CENT FRANCS pour contribuer à une œuvre si indispensable et si pressante ?

Aussitôt que vous aurez fait imprimer cette lettre (avec la présente, si vous la jugez utile au succès de vos efforts), envoyez-m'en une foule d'exemplaires, afin que je puisse la répandre et la recommander par moi-même ou par mes amis.

C'est avec une vive satisfaction que je vous donnerai cette nouvelle marque de mon amitié pour vous, et de mon admiration pour les immortels travaux de vos deux illustres maîtres.

Si j'ai jamais regretté de n'avoir pas de grands talents, c'est bien dans cette circonstance : *pauvres Sourds-Muets! vous seriez bientôt tirés de cet oubli si funeste et si humiliant pour notre époque, dans lequel vous gémissez encore!*

Oh ! qui dira aux Lamartine, aux Chateaubriant, et à tous les autres grands écrivains, qu'il manquerait certainement à leur gloire de n'avoir pas consacré au moins quelques-unes de leurs pages immortelles à plus de 50,000 infortunés, HOMMES, FRANÇAIS ET CHRÉTIENS COMME EUX!!!

J'attends les premiers exemplaires de la lettre de cette charitable et pieuse dame, avec l'impatience de l'amitié que je vous ai vouée, — et peut-être aussi un peu de l'amour des pauvres, en général, et des chers enfants, en particulier, auxquels vous consacrez un si généreux et si complet dévouement.

Votre ami à la vie et à la mort,

Le Chevalier de BOUTINY.

A peine *la voix qui crie** fut-elle arrivée à Hyères,

* La voix qui crie : IL Y A UN DIEU ET DES SOURDS-MUETS ; MALHEUR A CEUX QUI N'ONT NI FOI, NI ENTRAILLES!!! c'est-à-dire, le PAUVRE avocat des pauvres S.-M. — l'instituteur, — celui qui écrit ces lignes.

que M. le ch. de Boutiny, oubliant son âge, ses infirmités et l'honorable médiocrité à laquelle il a été réduit par deux révolutions, et qu'il entretient et augmente par des aumônes continuelles fort au-dessus de ses moyens, -- s'empressa de se déclarer le protecteur des pauvres S.-M. : visites, sollicitations, démarches de toute espèce, rien ne lui coûta pour attirer ses parents, ses amis et même les plus indifférents aux séances de l'instituteur. -- Il soutint, il défendit toutes ses propositions avec un zèle et une constance au-dessus de tout éloge. * Aussi ne craint-on pas de dire (humainement parlant) que TOUT CE QUI S'EST FAIT A HYÈRES A ÉTÉ FAIT PAR LE CH. DE BOUTINY, ET QUE, SANS LUI, RIEN DE CE QUI A ÉTÉ FAIT N'EUT ÉTÉ FAIT.

Et comme il a fait passer ses convictions dans l'âme de quelques personnes éminemment bienfaisantes comme lui, les heureux effets de son ardente charité se sont répandus dans d'autres villes, d'où ils se répandront encore dans d'autres, et ainsi de suite *jusqu'à la dernière consommation.*

L'on dira un jour tout ce qu'il faudra rapporter

* Il se trouve dans toutes les villes des personnes qui ont quelques velléités de bienfaisance en faveur des S.-M. ; mais à la première observation de ces âmes si heureusement organisées qui ne veulent ni faire, ni du moins laisser faire, leur compassion se refroidit, et elles renoncent à leurs projets de protection et de propagation. — *Ostentation*...... OSTENTATION de bienfaisance ! bienfaisance perdue pour l'éternité ! — Elles se cherchaient elles-mêmes à l'occasion des S.-M. — *l'ardeur et la constance*...... ET LA CONSTANCE quoi qu'il arrive : voilà les caractères essentiels de la vraie charité.

à cette source partie d'Hyères et du ch. de Boutiny, et l'on verra combien il en coûte peu, ... que dis-je?.... combien il est doux, facile et honorable de procurer un bien immense à l'humanité!

Ames généreuses, qui avez entendu la voix de ce tendre et ardent ami des pauvres; .... vous qui n'avez pu voir rouler, dans ses yeux vénérables, les larmes de la compassion et de la charité, sans en être touchées, — dites-nous si vous avez le moindre regret d'avoir accordé une obole de soulagement à la plus grande de toutes les infortunes?

S'il en est parmi vous dont le cœur ne soit pas entièrement satisfait, ah! ce sont ceux qui auraient dû prévenir la vénérable et sainte veuve, — qui aujourd'hui devraient du moins L'IMITER! .... et qui peut-être n'en auront pas la force!

Cependant **IL Y A UN DIEU ET DES S.-M.**; — **UN DIEU** qui a créé tous les S.-M. du monde, qui a donné son sang pour tous les S.-M. du monde, et qui désire vainement depuis 18 siècles de consoler tous les S.-M. du monde: .... Quel accueil peut-il réserver à tous ceux qui auront été insensibles à la *misère la plus incompréhensible, la plus continuelle, et la plus inaccessible à toute espèce d'adoucissement et de consolation qu'il soit possible d'imaginer sur la terre*?

« Et moi je vous dis : AIMEZ VOS ENNEMIS; — FAITES
» DU BIEN A CEUX QUI VOUS HAISSENT; — PRIEZ POUR CEUX
» QUI VOUS PERSÉCUTENT ET QUI VOUS CALOMNIENT.....
» Je vous ai donné l'exemple : PRIEZ POUR VOS BOURREAUX ACHARNÉS!!! »

Or on le demande aux cœurs qui n'ont point encore

étouffé tout sentiment de justice et de raison, -- à toutes les âmes qui ne se sont point encore irrévocablement vendues à Satan : *celui qui a été établi* pour nous demander compte de l'accomplissement de ce précepte formel, *rigoureux*, INDISPENSABLE,..... pourra-t-il jamais pardonner l'oubli cruel, inhumain, BARBARE, MONSTRUEUX!... des plus innocens comme des plus malheureux de tous les hommes?....

Car QU'EST-CE QU'UN SOURD-MUET? qu'est-ce qu'un malheureux S.-M. sans instruction?

Il semble que personne ne l'ignore : tout le monde répond à cette question : *c'est un homme privé à la fois de l'ouïe et de la parole.* -- Mais si l'on s'arrête là, comprend-on réellement ce que c'est qu'un pauvre S.-M.? -- Pour avoir une faible idée de l'excès de son infortune, n'est-il pas indispensable de faire quelques réflexions sérieuses sur tout ce qu'entraînent de maux à leur suite ces deux infirmités si cruelles?

Être privé dès son enfance (avant d'avoir acquis une parfaite connaissance de sa langue maternelle) de la double faculté d'*ouïr et de parler*, n'est-ce pas être, en quelque sorte, retranché du rang des humains?

Par quoi sommes-nous hommes? Par où tenons-nous les uns aux autres? N'est-ce point uniquement par LA PENSÉE ET LA PAROLE?

Qu'est-ce qui nous distingue des brutes? Qu'est-ce qui nous distingue des animaux sans raison et sans intelligence? N'est-ce pas ce souffle d'immortalité qui nous anime? N'est-ce pas cette divine substance qui *pense* en nous, qui *réfléchit*, qui *médite*, qui *comprend*, *compare, juge, raisonne*, ... et qui fait tant de milliers d'autres merveilleuses opérations intellectuelles et morales, qui toutes se développent et se manifestent uniquement par la PENSÉE ET LA PAROLE ?

Mais descendons à des considérations plus sensibles : -- L'Expérience a démontré que les S.-M. ont une intelligence égale à celle des autres hommes : quelque peu développée qu'elle soit dans l'immense majorité d'entre eux, ... (comme il ne faut pas beaucoup d'esprit quand on souffre, pour sentir que l'on souffre, -- quand on est malheureux, pour sentir que l'on est malheureux ! ...) Quelles doivent être leurs angoisses, ... *angoisses continuelles*, ... ANGOISSES DE TOUS LES JOURS ET DE TOUS LES INSTANTS ! .... en se voyant dans l'impossibilité absolue d'exprimer ce qu'ils pensent et ce qu'ils sentent ? -- En se voyant condamnés à vivre, au milieu de leurs semblables, comme des êtres d'une nature dégradée, -- condamnés à ne pouvoir jamais prendre aucune part à *rien* de ce qui se passe autour d'eux ? .... *Jamais* ! ... JAMAIS AUCUNE PART A RIEN DE CE QUI SE PASSE AUTOUR D'EUX ! ! ! (Quel est l'homme .... quel est l'être purement humain qui oserait se flatter de comprendre la signification de ce mot terrible .... JAMAIS ?)

Voyez un S.-M. dans sa famille, -- au sein de sa propre famille : les uns parlent .... que disent-ils ? -- les autres répondent ; .... que répondent-ils ?

L'on s'afflige : .... de quoi s'afflige-t-on ?

L'on se réjouit : .... de quoi se réjouit-on ?

L'on va, l'on vient, on sort, on rentre, ... pourquoi ? -- Tout le monde le sait, tout le monde le comprend ; -- le S.-M. seul l'ignore ; le S.-M. seul est toujours témoin de tout, sans comprendre jamais la raison de RIEN.

Toutes les figures, toutes les physionomies sont animées autour de lui, toutes les âmes sont vivantes et toujours en action et en mouvement; — la sienne seule!..... l'âme seule du malheureux S.-M., continuellement comprimée, sans cesse refoulée au-dedans d'elle-même, et séparée de toutes les autres par une barrière insurmontable, *n'est vivante* QUE POUR SOUFFRIR, — *n'est comprimée* QUE POUR SOUFFRIR DAVANTAGE, — *n'est refoulée* QUE POUR ÊTRE FROISSÉE, DÉCHIRÉE ET TORTURÉE DANS TOUS LES SENS!!!

Conçoit-on un martyre de cette nature?.... martyre de tous les jours, — martyre de tous les instants! — et d'autant plus cruel qu'il n'inspire jamais ni intérêt, ni compassion, — et qu'il est toujours SANS CONSOLATION ET SANS ESPÉRANCE POSSIBLES!!!

D'un autre côté, quel peut être leur sort au sein d'une société aussi corrompue que celle dans laquelle ils se trouvent? — Les hommes, par une déplorable disposition de leur nature déchue, sont presque toujours portés à l'injustice. S'il se rencontre, parmi eux, des êtres incapables de se défendre, ils les tourmenteront sans pitié, — ils ne craindront point de leur faire tort, pour peu que leur intérêt personnel les y engage; — ils les dépouilleront de leur fortune s'ils peuvent se l'approprier. — Eh bien! quels êtres plus exposés à tous les dommages, à tous les genres de vexation, à toutes les injustices, à toutes les horreurs,.... que de pauvres S.-M. qui, ne sachant ni se plaindre, NI

MÊME SI L'ON SE PLAINT DANS LA VIE!..... sont jetés sans défense au milieu d'un monde si profondément égoïste et si éminemment injuste?

Serait-il difficile de citer des faits à l'appui de cette observation? -- Pense-t-on qu'il y ait un seul département, une seule ville, un seul village, DANS L'UNIVERS ENTIER, qui n'ait pas été le théâtre et le témoin de la spoliation de quelque malheureux S.-M.?

DANS LE MOMENT OU L'ON ÉCRIT CES LIGNES, IL Y EN A PEUT-ÊTRE PLUS DE 20,000, EN FRANCE, QUE L'ON PRIVE DU BIENFAIT DE L'ÉDUCATION, UNIQUEMENT POUR LES DÉPOUILLER, SANS CRAINTE, DE LEUR MODIQUE HÉRITAGE.

Et ce qu'il y a de plus désolant, de plus humiliant et de plus désespérant pour l'humanité, c'est que tous ces crimes ne peuvent être commis sans que des milliers de parens, d'amis, de voisins et de compatriotes, n'en soient les lâches témoins et les inexcusables complices.

Quel compte!..... quel compte terrible!!! mais nécessaire,..... mais indispensable comme l'existence de CELUI qui le demandera.

Mais ce n'est pas un intérêt humain seulement que nous devons prendre aux infortunés qui ne peuvent jamais ni entendre ni parler : a-t-on réfléchi quelquefois à leur avenir hors de ce monde? -- Voilà de pauvres hommes livrés, comme tous les autres, aux passions humaines : leur esprit, leur cœur, leur âme, n'y sont point fermés en effet comme leur bouche et leurs oreilles sont fermées à la parole.

Pour nous qui avons le bonheur d'entendre et de parler (bonheur que personne en France, PERSONNE AU MONDE ne sera jamais capable d'apprécier).... les leçons, les exemples, les conseils, les préceptes, nous viennent de tous les côtés, nous arrivent par tous les sens; -- mais eux, qui leur fera comprendre ce qu'il y a de vil, d'odieux, de coupable, dans le mensonge, dans le vol et dans tous les autres vices? --- Qui leur parlera *lois*, . . . *morale*, . . . *humanité*, . . . RELIGION? -- Qui leur dira qu'ils ont une âme, -- que cette âme est immortelle, -- qu'elle est destinée à un bonheur ou à un malheur éternel? -- Que ce bonheur ou ce malheur dépend de leur conduite en ce monde!

Qui leur fera connaître DIEU, -- JÉSUS-CHRIST, -- L'ÉVANGILE, -- et ses sublimes enseignemens, -- et ses terribles menaces?

Qui leur expliquera l'ÉTERNITÉ?

Et pourtant ils sont chrétiens; — et pourtant il est autour d'eux d'autres hommes qui, aux yeux de l'Être suprême, seront responsables des vertus ou des vices de ces infortunés!

Il existe, dans tous les départemens, des secours pour tous les malheureux : -- l'on a fondé des asiles pour les enfans trouvés, pour les vieillards, pour les insensés; -- toutes les maladies humaines ont leurs hôpitaux : -- UNE SEULE est cependant oubliée; et c'est la plus cruelle, . . . la plus implacable! . . . . et la seule, -- LA SEULE que l'on ne puisse point reprocher aux innocentes créatures qui en sont les déplorables victimes!

Il y a là, dirai-je philosophiquement *une étrange anomalie*, ... *une étrange irrégularité*?

Il y a là une injustice et une inhumanité qui font crier vengeance au Ciel et à la terre. *

* Ces trois ou quatre pages sont à-très-peu-près tirées de la *Gazette du Midi du 16 octobre* 1835.

Et sans prétendre pénétrer les motifs impénétrables de la justice divine, — peut-être pourrait-on penser, sans témérité, que si la misère morale est plus grande que la mer, — si l'impiété exerce tant de ravages, et menace d'en faire encore tant d'autres, — c'est surtout parce que **LE SANG DES SOURDS-MUETS CRIE, ET N'EST POINT ÉCOUTÉ.**

Quoique ces lignes ne puissent donner qu'une faible idée de l'excès de la misère intellectuelle et morale des malheureux **S.-M.** sans instruction, elles suffiront sans doute pour les rendre dignes de quelque intérêt aux yeux des hommes qui n'ont point encore étouffé tout sentiment d'humanité.

Quand même leur éducation n'obtiendrait que de faibles résultats, quand même on ne pourrait parvenir qu'à leur donner les connaissances les plus indispensables pour les faire participer *un peu* aux bienfaits de la vie civile, morale et religieuse, LA JUSTICE SEULE ne nous impose-t-elle pas l'obligation la plus rigoureuse de faire pour tant d'hommes, de français et de chrétiens comme nous, *tout ce que nous voudrions que l'on fît pour nous-mêmes ?*

Mais combien notre inexcusable indifférence jusqu'à ce jour ne devient-elle pas plus monstrueuse, quand on considère les résultats prodigieux de l'application tant soit peu bien entendue des immortels travaux des illustres Abbés SICARD et de L'ÉPÉE !

Voici quelques compositions qui donneront la mesure du degré de perfection auquel leur éducation peut être portée, et des sentiments dont ils sont pénétrés, pour peu qu'ils aient reçu une éducation passable :

La première est d'un sourd-muet qui avait environ 9 ans, lorsqu'il me fut confié. C'est près de neuf années après, avant l'âge où la plupart des jeunes gens qui entendent et parlent n'ont point encore achevé leurs études, qu'il écrivit LE RÊVE suivant, sans aucune espèce de secours, sans qu'il lui ait été suggéré *une seule pensée, un seul mot, un seul signe.*

Ce cher enfant avait *six* sœurs de trois unions différentes : il ne se doutait en aucune manière des deux premières ni des deux dernières. Il ne sut ces trois mariages et leurs résultats que lorsque je les eus appris moi-même, cela va sans le dire. *

* Peut-on concevoir un malheur plus affreux, plus incalculable dans ses funestes suites, que celui de ne connaître ni ses frères, ni ses sœurs, ni son père, ni sa mère? — *Oh! mon fils .... ma fille .... mon neveu .... connaît très-bien tous ses parens; — il sait tout; — c'est lui qui nous donne les nouvelles de la ville.....*

Et moi je vous dis que vous le volez et assassinez sciemment et volontairement jour par jour et heure par heure; — et que vous voulez le faire voler et assassiner, MÊME APRÈS VOTRE MORT, par ses frères, sœurs, beaux-frères, etc. ; et s'il est fils ou fille unique, par ses oncles, tantes, neveux, nièces, etc

Quoi donc ! on pourrait le dire avec justice aux trois quarts des parens même qui ont fait donner une éducation quelconque à leurs enfants sourds-muets; et j'hésiterais à vous le dire, à vous qui avez la faiblesse ou la sordide avarice d'écouter ceux qui ont un coupable intérêt à ce qu'il ne soit jamais qu'une brute?

Sait-il le nom de son père? — Sait-il celui de sa mère? — RÉPONDEZ :

Il avait quelque idée de ses deux sœurs *de père et de mère*; mais comme il avait *vécu* avec des cousines, des tantes, etc., il était très-incertain qu'il ne se trompât point.

Toutefois, il croyait se souvenir assez bien de l'aînée qui s'appelait Élisa, et qui, ayant été élevée dans un couvent, avait voulu se consacrer à Dieu. Elle venait de prendre le voile noir, lorsque nous apprîmes sa

Sait-il que son père avait telles et telles propriétés? qu'il en a acquis d'autres? et que sa mère a reçu telle et telle dot?

CONNAIT-IL SES DROITS? — POURRA-T-IL LES RÉCLAMER JAMAIS?

— *Mais personne n'emportera son héritage : les terres et les maisons ne s'en vont point.*

— Je vous comprends : il restera dans sa maison, dans son propre héritage; il y servira des étrangers ou des étrangères; il y travaillera comme deux valets de ferme, et plus qu'une bête de somme,.... SANS JAMAIS RECEVOIR UN SOU DE SALAIRE, — plus malheureux mille fois que s'il était né de parents tout-à-fait pauvres!

Félicitez-vous de ce misérable prétexte : mais QUAND VOUS BRULEREZ,..... ainsi que ceux qui vous l'ont suggéré, — ainsi que tous ceux qui, sans retirer aucun profit de ce vol et de ce meurtre, ont l'infâme lâcheté de s'en rendre complices par leur silence, — ainsi que tous ceux qui, après avoir lu ces lignes, (ET POUR QUI SURTOUT ON LES CONSIGNE ICI!!!) n'examineront point soigneusement s'ils n'ont pas été, *et s'ils ne sont pas encore*, les témoins, les complices ou les auteurs..... de semblables assassinats, — QUAND VOUS BRULEREZ AVEC EUX TOUS,... souvenez-vous du moins de vous venger sur eux, durant toute l'éternité, de ne vous avoir point empêché de devenir LE PROPRE BOURREAU DE VOTRE PROPRE ENFANT S.-M.

mort. Comme il s'était établi entre eux une correspondance, aussitôt qu'il en avait été passablement capable, il fut affligé de sa perte sans doute ; mais on conçoit qu'après neuf années d'absence, avec cette incertitude si c'était réellement celle dont il croyait se souvenir, et à son âge, il n'en fut pas extraordinairement affecté.

Deux ou trois mois s'étaient écoulés depuis que nous avions appris la mort de sa sœur, lorsqu'un matin ses premiers signes, aussitôt après la prière, furent ceux-ci : « j'ai vu ma sœur cette nuit : » -- En vérité ? -- « Oui » mon cher maître. -- C'est un rêve. -- « Je le pense ; » cependant il me semble bien que je l'ai vue, et que » nous avons parlé ensemble durant une demi-heure. »

Au moment où il me disait ces mots, deux dames et deux jeunes personnes sourdes-muettes, sorties de l'école de Paris, mais qu'on avait voulu faire profiter de mon séjour à Bruxelles, étant entrées, -- je dis à mon élève : « hé bien ! écris ce que tu as vu, tout ce que t'a dit ta » sœur, et tout ce que tu lui as répondu. »

Aussitôt il se mit à l'ouvrage, et voici la composition qu'il me remit le lendemain, sur laquelle je n'avais pas même jeté un seul coup-d'œil, ainsi que nous en étions convenus, depuis quelque temps, pour toutes ses compositions.

Bruxelles le 15 mai 1834.

J'AI RÊVÉ CETTE NUIT que, pendant que je pensais et pleurais, assis sur une chaise, la mort de ma chère et pauvre sœur, une jeune personne de 20 ans était descendue du Ciel et s'était présentée à moi sous la forme d'une religieuse. A cette vue, je me levai pour la saluer avec un profond respect, croyant que c'était une sainte. Elle me salua aussi avec un sourire agréable et pur comme un ange, et elle me dit *par signes* * : « A quoi penses-tu..... Pour» quoi pleures-tu? » — Je lui répondis avec une vive douleur : « c'est à cause de ma chère » sœur; elle mourut depuis peu de temps; il

* Sa sœur lui parle *par signes* : ce sont *ces signes* dont il se souvient et qu'il traduit le lendemain.

A ce propos, qui pourrait dire tous les efforts d'esprit que ces infortunés ont à faire, — toute l'attention et toute la patience dont ils ont besoin, — avec une *langue de signes* qui n'est consignée nulle part, que chaque instituteur apprend comme il peut, comprend et exprime comme il peut! (*chaque instituteur*! .... hélas!.... hélas!!!)

Avec une langue qu'il faut commencer et finir en six ou sept années! — et dans laquelle il faut exprimer, au moyen des mouvements des bras et de la physionomie surtout, non seulement toutes les opérations intellectuelles et morales, mais encore l'influence des mots les uns sur les autres, et l'innombrable variété de leurs significations, selon la variété infinie de toutes leurs circonstances!!!

Et cependant il serait possible de la fixer de proche en proche!.... mais il faudrait que vous le voulussiez, ô mon Dieu! il faudrait qu'un véritable homme de génie méritât que vous lui révélassiez tout ce qu'il y a de nouveau, de grand et de sublime à dire et à faire au sujet des pauvres S.-M., - ou bien que vous suscitassiez le *Monthyon*, ou mieux encore LE SAINT VINCENT DE PAUL de ces infortunés. — Quand sera-ce, grand Dieu? quand sera-ce?

» y a quelques mois. » — « C'est moi-même, » mon cher frère. » — Aussitôt je la reconnus et nous nous embrassâmes l'un l'autre * avec des marques de la plus tendre amitié, et je lui dis : « je sens aux transports de mon cœur

Quoi! pas un vrai savant dont la réputation universelle des immortels Sicard et de l'Épée ait fixé l'attention; pas un qui ait compris qu'ils n'ont fait que découvrir une mine immense de trésors inappréciables !

Et les saints! et les hommes de foi, d'espérance et de charité, où en sont-ils à l'égard des S.-M., dans tous les pays du monde?

M. Champion de Cicé, alors Archevêque de Bordeaux, DEVINA que l'Abbé de l'Épée mourrait, lui adressa l'Abbé Sicard, et par ce seul choix, devint le second sauveur de tous les S.-M. du monde.

Depuis lors, (50 années après) sur l'invitation de Mgr. le Cardinal, Archevêque de Gênes, tous les prélats du Piémont et de la Savoie viennent de recommander publiquement l'œuvre des S.-M. (*Gazette du Midi du* 30 *décembre* 1836.)

Puisse cette invitation avoir les suites que doivent en faire concevoir les fonctions augustes de celui qui l'a faite! — Mais hélas! il est bien à craindre que la foi ne soit guère plus agissante dans le Piémont qu'en France. — VINGT-CINQ A TRENTE MISSIONNAIRES POUR LES S.-M. DANS CHAQUE ROYAUME : voilà ce qu'il faut indispensablement pour les connaître presque tous au bout de quelques années, — et non seulement pour les connaître, mais encore pour signaler tout ce qui concerne la surdité et ses funestes suites, et pour parvenir à EN PRÉSERVER L'ENFANCE.

*Il avait mis l'un *et* l'autre.

» que tu es ma sœur. Je sais très-bien que tu » es véritablement dans le ciel ; car je sens tou» jours l'effet de tes saintes prières. » — « Oui, » mon cher enfant, je suis montée au ciel, » immédiatement après ma mort. Comment » pourrais-je t'exprimer le bonheur extrême » dans lequel je suis ! » — « O ma chère sœur, » lui dis-je dans un transport de joie, je le sais » très-bien. — Tu vois avec quelle impatience » j'attends la mort pour ne plus offenser Dieu » en ce monde, et pour avoir le bonheur de le » voir face à face ainsi que toi, qui veux bien » me voir et consoler mes ennuis. Je t'en re» mercie de tout mon cœur. Ma vie est pleine » de misères ; elle me rend toujours triste et » toujours malheureux, et je la hais pour tou» jours. Je soupire sans cesse après une nou» velle vie.

« O ma chère et excellente sœur, tu es » maintenant dans le ciel ; tu es bien heu» reuse ; tu es dans un âge si peu avancé ! Éter» nellement tu aimeras Dieu, éternellement tu » en sera aimée. » — « Ta vie ne sera pas lon» gue, mon bien cher enfant ; tu mourras dans » peu de temps. » — Alors je l'interrompis * avec une vive joie : « cela me comble d'allé-

* Il avait mis : *j'interrompis*.... très-probablement par oubli.

» gresse : cette vie me déplaît de plus en plus ;
» je mène une vie errante et malheureuse. Que
» mon âme, dégagée des liens de cette chair
» corruptible qui l'arrête, puisse elle-même
» bientôt arriver à la terre des vivans ; car
» ce n'est ici que la région des morts.* » — « J'en
» suis contente, répondit-elle ; ton visage mar-
» que une joie pure et une tranquillité parfaite.
» Tu quitteras bientôt ce monde. Profite de
» cela pour passer saintement tout le temps de
» ta vie ; travaille à te rendre heureux dans
» cette vie et dans l'autre ; persévère dans le
» bien jusqu'à la fin de ta vie.

« Je te vois commettre beaucoup de *défauts*.
» Désormais chasse-les sur-le-champ, car ils
» sont la racine de tous les maux. Prie Dieu
» avec ardeur de te donner la force de les vain-

* Cet enfant avait près de 18 ans ; il était doué d'un très-heureux caractère ; il vivait comme s'il avait joui de 1500 fr. de revenus, et tout ce qui se faisait autour de lui, était fait *pour lui seul*, était dirigé dans son unique intérêt. — Il était donc très-heureux, et il sentait habituellement tout son bonheur. — Mais ici il rêve. — Cependant il pouvait avoir souvent (même éveillé) le désir de mourir bientôt, commençant à comprendre combien il est difficile de vivre sans offenser Dieu, aujourd'hui que la société est si effroyablement corrompue. — Car quelle différence n'y aurait-il pas, si tout le monde était élevé chrétiennement depuis 40 à 50 générations ! ! !

» cre par la prière et la communion. J'unirai » mes prières aux tiennes pour t'animer à faire » le bien et à éviter le mal, le seul mal qui » soit à craindre. Je prie Dieu tous les jours » pour toi, mon bien cher frère. Quand tu te » sentiras porté au péché*, au moindre pé- » ché, invoque sur-le-champ la Sainte Vierge » qui te soutiendra dans toutes tes tentations, » dans tous tes combats, dans toutes tes peines, » dans toutes tes tribulations. Souviens-toi que » de toi-même tu n'es rien, tu n'as rien, tu » n'es capable de rien. Demande la grâce » à Dieu qui agit en toi, et qui te rendra très- » heureux dans l'autre vie. Avant ma mort, je » sentais de rudes combats; tout faisait tous » ses efforts pour me précipiter dans les ténè- » bres extérieures. Je n'étais pas toujours heu- » reuse; d'un côté, j'étais heureuse en m'atta- » chant à J.-C. par la communion; d'un autre » côté, j'étais malheureuse, quand je me voyais » exposée à toutes sortes de tentations et de » misères spirituelles et corporelles. Mais dans » le ciel, plus de tentations, plus d'ennuis, » plus de tribulations, plus de douleurs, plus » de pleurs, plus de péchés surtout. Je suis » toujours extrêmement heureuse; il m'est dif-

* Il avait mis : quand *tu laisseras te* porter....

» ficile de t'exprimer combien j'ai de joie de » voir Dieu, de l'aimer et de le posséder pen- » dant toute l'éternité. Je vois la sainte Trinité, » les saints Apôtres et tous les Saints qui sont » venus me féliciter, après ma mort, d'avoir » accompli toutes mes obligations pendant la » vie. Après m'avoir comblée de compliments » et de consolations, ils m'ont conduite à » Jésus-Christ qui m'a embrassée avec une » tendresse suprême, et qui m'a dit : JE VOUS » DONNE LE ROYAUME DES CIEUX ; TOUT EST A » VOUS COMME A TOUS MES FIDÈLES SERVITEURS. » Tout enivre mon âme de joie, de reconnais- » sance et de consolations ineffables jusqu'à » présent.

» Jamais tu ne le comprendras, mon cher » enfant; moi-même, je ne le comprends pas » parfaitement. Je désire ardemment t'amener » au ciel qui t'attend tous les jours ; mais c'est » pour cela que tu dois tâcher de mener une » sainte vie, une parfaite vie jusqu'à l'époque » où le bon Dieu te tirera de ce monde pour » te faire jouir du bonheur éternel. Passe par- » faitement tout ce temps pour gagner le pa- » radis qui t'est destiné dès ta plus tendre en- » fance. Je suis plusieurs fois fâchée en te » voyant commettre quelque faute contre ton

» cher maître : il faut la vaincre; il faut la dé-
» tester de toutes tes forces. Prie Dieu avec une
» profonde humilité de te la pardonner. Quand
» ton cher maître te fera quelques reproches
» graves, quelques remontrances extraordi-
» naires, ne boude jamais contre lui; ne sois
» jamais emporté, écoute-les avec une parfaite
» résignation. Réponds-lui seulement : *J'ai*
» *tort*. Sois toujours doux, toujours aimable,
» toujours docile, toujours gai, toujours
» studieux.

» Si tu es fidèle à ses recommandations, à
» ses avis, à ses conseils, cela te rendra très-
» heureux dans cette vie et dans l'autre; mais
» si, au contraire, tu ne les écoutes pas; si
» tu les rejettes, si tu commets beaucoup de
» péchés, tu seras toujours malheureux; tu
» exposeras ta vie aux remords continuels;
» cela te rendra toutes tes peines inutiles après
» la mort. *

» Je reçois avec une douce satisfaction
» tes avis utiles, ma chère et bonne sœur.
» Hélas! je suis trop coupable pour oser of-
» fenser Dieu qui m'a comblé de tant de
» bontés. Je crains beaucoup que ma vie ne soit
» longue, et par conséquent, qu'elle ne me fasse
» commettre des milliers de péchés. Je te prie

* Il avait mis : cela *te rendra inutile* après la mort.

» donc de faire en sorte d'engager Dieu à abré-
» ger le temps de mon exil malheureux, et à
» mettre au plutôt un terme à ma vie, pour
» me recevoir dans le ciel, dans le séjour de
» la paix, de l'immortalité et de la justice.

» Je te l'ai déjà dit : ta vie ne sera pas lon-
» gue. Je te l'assure, mon cher enfant; Dieu
» t'appellera à lui en peu de temps. Mets tout
» en œuvre pour pratiquer toutes les vertus
» dont J.-C. t'a donné l'exemple; conserve dans
» ton cœur ces avis importants; grave-les pro-
» fondément dans ton esprit et dans ton cœur
» jusqu'à la mort.

» Pour ton cher maître, il vivra encore
» long-temps; il aura 70 ans environ, parce
» que sa vie sera très-utile aux S.-M.; mais
» toi, tu quitteras bientôt cette vie remplie
» de misères pour venir me voir dans le ciel.*
» Après t'avoir embrassé avec la tendresse
» d'une bonne sœur, je te présenterai au trône
» de notre bon maître, qui prononcera une
» sentence favorable à ton égard. En attendant
» je t'aimerai toujours beaucoup; adieu, mon
» cher frère, adieu; je t'ordonne de faire tout
» ce que ton bon maître veut, et de te sou-

* Il jouissait de la santé la plus florissante, tandis que celle de son maître était très-dérangée.

» mettre en tout à ses ordres. Les premières
» de toutes les vertus, ce sont la docilité et l'hu-
» milité, voilà tout ; tu dois donc acquérir ces
» principales vertus : encore une fois, adieu,
» mon cher ami, mon bien cher frère, je t'ai-
» merai toujours beaucoup, et c'est de tout
» mon cœur. Je prie Dieu nuit et jour pour
» ta pauvre âme. » — En même temps elle m'embrassa de joie, de tendresse et d'amour, en me disant : « que Dieu te bénisse dans toutes tes actions, et qu'il te préserve de toutes les suites du péché. Je vais te quitter pour aller au ciel. »

Alors je la retins en lui disant : « reste avec
» moi jusqu'à ce que mes chers maîtres en-
» trent.* — Je t'en remercie, mon cher en-
» fant ; il ne m'est pas permis de m'entretenir
» avec toi en présence de quelques personnes ;
» je suis obligée de te quitter parce que notre
» S. J.-C. m'a ordonné de ne rester avec toi
» qu'une demi-heure. Voilà cette heure passée,
» adieu, mille fois adieu. » — Elle me donna son aimable bénédiction en disant : « que
» tes bonnes œuvres te conduisent au ciel. Ta
» chère sœur te voit et prie tous les jours pour

* M. Pissin-Sicard et son ami M. Ferdinand de Croiseuil.

» ton âme. Bientôt tu seras dans le séjour des » justes. » Après ces mots, elle disparut.

Le 15 mai 1834, j'ai composé ce songe pendant tout un jour, et je l'ai copié au net le 16.

ALEXIS PERRIN DE LA BESSIÈRE, S.-M.

On croit devoir répéter ici que ce rêve a été composé sans qu'il ait été suggéré à l'élève *une seule pensée*, *un seul mot*, *un seul signe*.

Ce qu'il importe de constater, parce que l'on pourrait évidemment attribuer à des S.-M. tous les ouvrages que l'on voudrait.

Ce jeune *Perrin de la Bessière* est de Castres, près de Toulouse, où il rentra en quittant son maître. Il passa ensuite plusieurs mois chez les Mrs Chazottes, qui ne purent que l'examiner, ainsi que ses parents et toutes les personnes qu'il a eu, qu'il a, et qu'il aura occasion de voir.

Comme on l'a dit ailleurs, il serait à désirer que, lorsqu'on attribue quelque composition à un S.-M., l'on entrât dans ces détails, afin que tout le monde puisse s'assurer si le sourd-muet ou la sourde-muette est capable ou non, de l'écrit qu'on lui attribue.

Compositions d'un autre Sourd-Muet.

Il y a, à Toulouse, une école de S.-M., dirigée par les Mrs Chazottes, que je crois l'une des premières de France. Tous les étrangers qui passent quelques jours dans cette ville, et qui ont quelques sentiments d'humanité, vont visiter cet établissement, et sont surpris des grandes espérances que donne un jeune professeur nommé *Pelissier*, s.-m. comme ses élèves.

M. Lanaspèze (l'un des habitants les plus respectables et les plus bienfaisants de Marseille) ayant, il y a deux ou trois ans, fait un assez long séjour à Toulouse, ne manqua point d'aller plusieurs fois à l'école des S.-M., et s'y lia d'amitié avec Messieurs les directeurs et avec le jeune Pélissier

Lorsque *la voix qui crie* (en faveur des s.-m., et dans l'intérêt des enfants qui entendent et parlent) alla tâcher de se faire entendre à Marseille, M. Lanaspèze profita d'une occasion pour l'écrire à Toulouse. -- C'est la réponse à cette lettre que l'on va lire ci-après :

La voix avait commencé à Rodez (en 1823) l'éducation de ce jeune s.-m., qui avait alors de 8 à 10 ans. -- Deux années lui avaient suffit pour comprendre et retenir un petit *livre de prières* imprimé pour cette seule école, et dont l'édition est tellement épuisée que l'auteur lui-même n'en a plus un seul exemplaire. -- D'où l'on conclura sans doute qu'il y a au moins 12 à 13 ans qu'il s'occupe du livre de messe qui sera imprimé en 1837, -- s'il se trouve, dans quelques villes de France, UN HOMME qui prenne un peu à cœur une œuvre si chère à la religion et à l'humanité, et si nécessaire pour rappeler aux infortunés qui en sont l'objet, les principes de morale et de vertu qu'ils ont reçus dans le cours de leurs études.

Les neuf dixièmes des hommes ne font que ce qu'on leur fait faire, que ce que d'autres ont déjà fait : il ne faut donc *qu'un premier faiseur*, un premier bienfaiteur, ... un homme qui ait assez de foi ou d'entrailles pour se mettre à la tête d'une liste, et la présenter à ses parens, à ses amis, à toutes les personnes qui passent pour bienfaisantes.

— *Oh! je ne puis pas me mettre à la tête....!*

Eh bien! mettez-vous à la fin ou au milieu; mais écrivez votre nom sur une liste, et présentez-la aux personnes humaines de votre connaissance, qui peuvent faire autant et plus que vous-même.

Il y en a aussi qui disent : « je ne veux pas que l'on fasse imprimer mon nom. »

Autre enfantillage!

Ames généreuses, âmes compatissantes et vraiment modestes,...: faites ce que l'on vous propose, si vous le pouvez : dites *oui* ou *non*; car « tout ce que l'on dit de plus vient du génie du mal. »

Donnez votre nom, puisqu'on vous le demande; et laissez en faire tout ce que l'on voudra. — Si vous n'êtes rien, qui vous remarquera?

Etes-vous plus humble, plus modeste que tous ces personnages qui laissent imprimer leur nom? — qui en sont peut-être fâchés intérieurement, mais qui laissent faire tout ce que l'on juge utile au succès de l'œuvre à laquelle ils n'ont pas cru pouvoir se dispenser de s'associer?

Que si vous ne pouvez réellement pas prêter 50 ou 100 fr., — ni échanger 20 fr. pour la propagation des autres livres, parlez de l'*œuvre des S.-M.* aux personnes qui sont plus aisées que vous; témoignez tous vos regrets de ne pouvoir contribuer, à si peu de frais, à un si grand bien; — déplorez le malheur de ces infortunés; — en un mot, faites tout ce que vous voudriez que l'on fît pour vous-même; — et, sans donner une obole, vous ferez pour eux, deux, trois, quatre et dix fois plus peut-être que les plus riches qui n'auront donné qu'une signature.

QUEL BIEN IMMENSE les dames, qui ont encore quelques sentiments d'humanité, ne pourraient-elles point faire de cette manière!

A Marseille,.... une dame procura sept ou huit *associés à la propagation*; -- une autre, aussi douce et modeste qu'aimable et bienfaisante, en procura *une vingtaine*.

Vous voyez bien que je ne les nomme point, quoique elles ne m'en aient prié que convenablement.

Vous voyez bien que je ne nomme point *la sainte veuve du livre de prières*, -- quoiqu'il y ait eu des hommes qui m'ont laissé comprendre qu'ils étaient fort tentés de croire que c'était une sorte d'invention de ma part!

O les belles âmes! que celles qui voient le mensonge à travers toutes les apparences de la vérité!

Eh! qu'importe leur misère?.... tous les objets ne paraissent-ils point jaunes, aux hommes atteints d'une profonde jaunisse?

Ecrivez-moi, et témoignez le désir de n'être point nommé; je respecterai certainement votre *incognito*. -- Mais laissez-moi la faculté de vous faire connaître, si je le juge utile aux pauvres S.M.

Les S.-M.,.... les S.-M.!.... voilà le grand objet, l'unique objet de cette œuvre : TOUS LES S.-M. DU MONDE!

Cent millions de s.-m. peut-être, sur la terre, ne suffisent-ils pas pour remplir votre esprit ? — comment peuvent-ils laisser lieu à toute autre pensée ?

Les S.-M., ... tous les s.-m. du monde !!! ne voyons que Dieu et les S.-M. ; — les S.-M. et celui devant qui nous allons comparaître au premier jour.

Les S.-M., — et le Ciel.... ou l'Enfer, — et l'éternité : — L'ÉTERNITÉ !!!

Où il n'y aura plus ni sourd ni muet ;

Où tous les milliards de S.-M. passés, présents et à venir, — volontaires ou involontaires, — chanteront dans le ciel, pour nous et à notre louange, — ou hurleront *dans l'enfer*, contre nous, à notre confusion, et pour notre éternel désespoir !!!

Eh ! vivent tous les S.-M. du monde ! pour que la gloire de notre grand Dieu se manifeste ; — la gloire du grand S.M. de l'étable et du Calvaire, de la Crêche et de la Croix ! — de celui qui dira : « mon père ! père juste ! sou- » venez-vous que j'avais faim, que j'avais soif, » que j'étais S.-M., ... et qu'ils n'ont pas eu pitié de moi.

» J'étais s.-m. !... c'est-à-dire condamné à un » silence profond, qui m'environnait sans cesse, » et qui m'accompagnait partout ! — condamné » à un isolement absolu, ... absolu et continuel !...

» J'ÉTAIS S.M. !.. c'est-à-dire privé de toute so-
» ciété, de tout entretien, de toute communi-
» cation claire et précise avec mes semblables, —
» condamné à ne jamais entendre mon père,
» mon propre père!... ni la voix si douce et
» si tendre de ma trop malheureuse mère!!!

» *Jamais!*... JAMAIS !

» Mon père! rappelez-vous la signification de
» ce mot terrible, qu'ils n'ont même jamais tâ-
» ché de comprendre; mais qu'ils vont sentir
» durant toute l'éternité.

» J'ÉTAIS S.-M.!... c'est-à-dire que personne, --
» ni père, ni mère, ni frère, ni sœur, ni parent,
» ni ami, en un mot *personne au monde*!... ne
» pouvait, en aucun temps, ni dans aucune cir-
» constance de l'inconcevable martyre de mon
» affreuse existence, — m'adresser UNE SEULE
» PAROLE DE CONSOLATION !

» *Jamais! jamais une seule parole de conso-*
» *lation!!!*

» Si du moins il m'eût été possible de m'en-
» tretenir avec vous, de me consoler avec vous!...
» mais non, non; ils m'ont refusé un seul misé-
» rable livre de prières.

» Ils ont engraissé DES CHIENS, DES CHEVAUX,
» DES OURS, DES TIGRES ET DES HYÈNES, et ils ont
» laissé mourir de faim, de misère et de déses-
» poir, des milliers et des milliards de vos images
» vivantes.

» La faiblesse, l'innocence et le malheur.....

» rien.... RIEN n'a pu émouvoir leurs entrailles » de bronze.

» Mon père! voilà ceux que vous avez aimés » jusqu'à donner pour eux votre propre fils uni- » que : — voilà ceux que j'ai aimés jusqu'à donner » tout mon sang pour eux, — jusqu'à me donner » tout entier à eux mille et mille fois!

» Pendant toute leur vie, j'implorai votre mi- » séricorde en leur faveur; — aujourd'hui c'est » votre justice que je réclame seule.

» Ces plaies dont mon corps fut couvert, cette » tête couronnée d'épines, ces pieds, ces mains et » ce cœur percés, que, durant tant d'années, je » vous montrai pour eux, — c'est contre eux.... » c'est contre eux que je vous les présente au- » jourd'hui.

» Mon père! père juste! souvenez-vous que » j'avais faim, que j'avais soif, QUE J'ÉTAIS SOURD- » MUET, et qu'ils n'ont pas eu pitié de moi!!!

Montagnes, tombez sur nous; terre, ouvre tes abimes!

Cris inutiles;...... vœux superflus.

NI FOI,... NI ENTRAILLES?...... ALLEZ : — au ver qui ne meurt point, et au feu qui ne s'éteint jamais. — JAMAIS,... JAMAIS!!!

Voici Pélissier.

Toulouse le 12 mars 1836.

Mon Très-Cher Monsieur Lanaspèze :

J'ai lu avec un plaisir inénarrable la lettre que vous nous avez écrite. Vos trop aimables et trop flatteuses paroles m'engagent à vous procurer aujourd'hui, sinon autant de plaisir, du moins quelques fleurs de souvenir. Quand vous avez abattu votre vol poétique sur les murs de notre cité palladienne, vous n'avez pas dédaigné de venir visiter notre établissement; votre cœur tout plein de sympathie pour les malheureux m'a offert votre honorable amitié. J'en fus, j'en suis encore, et j'en serai toujours fier; tout cela féconde dans mon cœur un doux émoi. Mais ce qui me pénètre le plus d'amour, de joie et même de reconnaissance a votre égard, c'est d'apprendre que vous êtes lié d'une étroite amitié avec notre dévoué défenseur Pissin-Sicard. — Ici ma plume s'arrête, je fais un effort inouï en traçant ce mot; car, en le prononçant mon âme est suffoquée de reconnaissance :.... oh! laissez-moi respirer un peu:... égaré, troublé, je vois, à ce nom, évoquer devant moi l'Abbé de l'Épée, l'Abbé Sicard, Champion de Cicé et le chanoine Triest. * Je vois tous ces grands hommes déposer à ses pieds leurs brillantes couronnes ; l'Abbé de l'Épée s'avance vers lui : il lui tend la main, il l'appelle son fils, et remonte au Ciel avec ces trois immortels ; et j'entends aussi tant d'innocentes âmes des Sourds-Muets qu'ils ont sauvés, chanter en concert : « Gloire à Dieu, et paix sur la terre « à nos frères Sourds-Muets. »

Voyez, mon cher Monsieur Lanaspèze, si l'état dans lequel je viens de me trouver ne tient pas du ravissement. Partout où le nom de Pissin-Sicard résonne à mes oreilles, j'évoque, innocent magicien, des ombres vénérables qui sont pour tous les S.-M., autant de divinités bienfaisantes, et que j'invoque aujourd'hui comme des génies tutélaires. Il me semble qu'elles me font des signes, et lorsque je m'élance vers elles, je crois serrer dans mes bras Pissin-Sicard parce que je le connais, parce qu'il est sur la terre leur vivant portrait, leur immortel successeur et leur sublime représentant. Que de souvenirs viennent alors

* Le Chanoine Triest,.... un pauvre curé de village, issu d'une pauvre famille de pauvres artisans,.... qui fondait, en 1834, à Bruxelles, son VINGTIÈME ETABLISSEMENT DE BIENFAISANCE !!! dont quatre écoles de S.-M. ; deux pour les filles, deux pour les garçons.

m'assiéger ! Que de regrets j'éprouve aussi de ne pas pouvoir communiquer à ma plume trop novice tout le feu qui m'anime !... *Fanatique*, me dira-t-on : dites-le, insensés ! dites-le mille fois !... C'est un mot harmonieux qui fera tressaillir mon cœur :... *Fanatique* à cause de l'impuissance de la reconnaissance !... Je m'en fais gloire, et je ne déposerai ce beau titre que lorsque je pourrai, moi seul, donner à Pissin-Sicard une marque éclatante de la reconnaissance de tous les S.-M. présents et à venir.

Les noms de tous les généreux amis de l'humanité qui figurent dans l'association bibliophilomutique, resteront éternellement gravés dans le fond de mon âme ; je conserverai pour eux le sentiment mélodieux que Massieu a défini *la mémoire du cœur*.

C'est aussi avec ce sentiment mêlé à celui de l'amitié que je m'empresse de me dire et que je me dirai toujours avec un plaisir nouveau

Votre tout dévoué, PÉLISSIER, S.-M.

P. S. Désirant vous être agréable, je vous fais passer ici le fragment d'un dithyrambe que j'ai fait, et qui a pour titre : « chant de reconnaissance. »

A L'ABBÉ DE L'ÉPÉE,

. . . .

Toi que je dois nommer mon second créateur,
Homme par ta nature, immortel par ton cœur,
Ange de bienfaisance, ô tendre de l'Épée!
Ta voix nous rappela de la rive glacée
Où nul soleil ami ne brillait à nos yeux,
Nul rayon de ses feux n'échauffait notre vie.
Notre intelligence assoupie
Comprenait avec peine et la terre et les cieux!
Tu fus notre soleil; ton cœur, rayon sublime,
Fit fondre autour de nous ses glaces, et dès-lors
Arbrisseaux fécondés nous eumes nos trésors,
A nos branches des fruits et des fleurs à nos cimes.
Sans toi, pauvres muets, nous serions malheureux:
Seuls, exilés du monde,.... et l'exil est affreux!...
La vie aurait été comme un désert aride,
Où nous aurions erré sans amis et sans guide.
O déplorable sort! triste délaissement,
Plus hideux que la mort, plus noir que le néant!
Mais ta main nous a pris dans ce désert immense,
Au milieu de ce monde où nous étions perdus:
Ta voix a prononcé le doux mot *Espérance!*...
Tu nous a appelés tes enfants, tes élus;
Tu t'es fait notre ami dans cette vie amère,
Tu nous a dit: « Enfants je serai votre père. »

. . . .

Rival du bon Vincent de Paule,
Apôtre de l'humanité,
Séraphin de la charité,

J'aperçois sur ton front la brillante auréole
Et les lauriers de l'immortalité.
Au sein d'une gloire infinie,
Jouis du prix de tes vertus,
Et célèbre avec les élus,
Du Ciel l'ineffable harmonie.
Oh! que ne puis-je à tes genoux
Déposer cet essai d'une muse en enfance,
Et te prier par les noms les plus doux
D'accepter ce tribut de la reconnaissance!
Mais si jamais mon luth orné par la victoire
Pouvait dans ses accords chanter les immortels,
Bon comme eux, et comme eux environné de gloire
Nous te dresserions des autels.

Si M. Pissin-Sicard est encore à Marseille, portez-lui de ma part la plus tendre embrassade. Je suis toujours las d'attendre le jour où je pourrai le voir, après une absence de dix années.

Autre lettre du même.

Toulouse le 9 mai 1836.

Mon Très-Cher Pissin-Sicard,

Je ne sais d'où vient ce retard inexprimable que j'ai mis à vous écrire, et surtout à répondre à votre chère lettre du huit avril; mais je serai au désespoir si cela vous surprend et vous fait penser que je vous ai oublié. Ah! il s'en faut de beaucoup!

Cependant j'ai le consolant espoir que vous ne m'en accuserez point. Qu'il a été doux à mon cœur d'entendre ces mots *d'éternel ami* que vous avez tracés pour moi! Je m'estime aussi heureux de la préférence que vous m'avez donnée en me chargeant de faire le discours en question dans votre lettre. Je sens qu'une telle mission fait partie de ma vocation, et qu'elle vient d'en haut, afin que la gloire y retourne ensuite. Et comment négligerais-je de la remplir? Je sais que Dieu ne m'a pas créé pour moi-même; je sais qu'il ne m'a favorisé de ses dons heureux que pour les consacrer à mes semblables. Je le sais, eh bien! j'accepte votre généreuse proposition avec autant de plaisir que de zèle, avec autant de zèle que de reconnaissance. Je ne dissimulerai pas que c'est bien pénible pour moi trop novice dans l'art d'écrire; mais lorsqu'il s'agit des S.-M., de mes frères prédestinés, rien ne saurait m'arrêter, et je dois épuiser tout mon savoir-faire.

Pardonnez-moi, mon très-cher Pissin-Sicard, si je ne fais pas ce que vous m'avez dit dans votre prospectus (page 12). J'ai déjà commencé le discours; j'en suis à la dixième page. Il m'en faut peut-être vingt de plus. Heureux si mes occupations, quoique nombreuses, me permettent de le finir dans le courant du mois prochain!

Si mes travaux étaient jugés par vous dignes de quelque récompense, il en est une que je vous demanderais avec instance, et qui serait pour moi le sujet de ma plus grande joie. Si vous savez comme je vous aime, comme je vous estime, comme je vous vénère, en un mot, comme je vous chéris, vous devinez sans doute cette tant douce faveur que je désire de toutes les puissances de mon âme, et que vous m'avez, pour ainsi dire, promise dans la précieuse lettre que vous m'avez écrite. Oh! venez, venez, cher Pissin-Sicard, venez me rendre heureux. Votre présence sera pour moi ce qu'est l'eau claire du ruisseau au cerf altéré, ce qu'est l'ombrage bienfaisant au voyageur fatigué. D'ailleurs vous trouverez ici des amis sincères et dévoués, car je sais que vous mettez au nombre de vos amis ceux qui, comme vous, consacrent leur existence au bien-être des pauvres S.-M. Ah! que je serais heureux s'il m'était permis de vous exprimer de vive voix la tendresse, l'affection que je vous porte! que de vœux j'adresse au Ciel pour qu'il m'accorde ce bonheur!

Vous avez appris par la lettre de M. Jules Chazottes à M. Lanaspèze que j'avais eu la témérité de concourir cette année aux jeux floraux, où l'abbé Sicard a laissé d'éternels souvenirs. Contre tout mon espoir (l'académie a été sans doute indulgente pour moi) les deux élégies que j'y ai envoyées ont obtenu une mention honorable, et l'une d'elles est imprimée dans le recueil de l'académie. La pièce imprimée n'est pas, comme vous le croyez peut-être, celle que j'ai adressée à M. de Lamartine, c'est une autre dont je m'empresse de vous donner une copie. Est-il rien de plus doux pour moi que de faire hommage des premiers succès de ma lyre plaintive à ceux qui furent mes anciens maîtres, et qui eurent pour moi les entrailles d'un père?

Veuillez offrir mes sentiments de respect à M. Lanaspèze, et croyez que personne au monde ne vous aime autant que

Votre tout affectionné, PÉLISSIER, S.-M.

*A M. L.****, qui m'a engagé à concourir aux Jeux Floraux.*

MES REGRETS.

ÉLÉGIE.

Faut-il gémir? faut-il chanter?..
Lamartine.

Lorsque l'astre du jour, achevant sa carrière,
Ne brille plus au Ciel de sa vive lumière;

Lorsque la solitude aux pieds silencieux
Foule de nos côteaux le tapis gracieux,
Doux chantre de la nuit, et roi de l'harmonie,
Le tendre rossignol se complaît à chanter:
De ses accords touchants la nature est ravie,
Et l'oiseau du vallon se tait pour l'écouter.
Ainsi lorsque le luth du tendre Lamartine,
Ruisselant de délire et d'extase divine,
 Fait entendre ses doux accents,
Moi, poète inconnu, sans parfum d'harmonie,
Sans lyre, sans espoir, sans coupe d'ambroisie,
 Oserais-je élever mes chants?....

Quand, au temps des amours, une flèche cruelle
A, du léger ramier, blessé la débile aîle,
Le triste oiseau, surpris dans ses ébats heureux,
Tombe sur le gazon...... adieu les chants joyeux!
En vain la douce voix d'une amante plaintive
L'invite à côté d'elle, au nid de leurs amours;
Il ne peut plus voler, car son aîle est captive,
Et seul il dit sa peine aux échos d'alentours.

Tel d'un cruel fléau malheureuse victime,
Je ne pourrai jamais, plein du Dieu qui m'anime,
 Donner un essor à ma voix;
Je ne pourrai jamais, épris de poésie,
Au souffle du bonheur, au souffle du génie,
 Voir vibrer un luth sous mes doigts.
L'aveugle peindrait-il de la riante rive
Les peupliers fuyant dans l'onde fugitive?
Il n'a pas vu verdir la naissante moisson,
Ni la plaine blanchir sous la tendre toison.

Il ne sait des couleurs la magique harmonie,
Ni des cieux étoilés la riche symétrie.
Moi non plus, je n'ai pas pendant les belles nuits,
Quand sous l'urne des fleurs, s'endorment tous les bruits,
Ouï l'hymne d'amour que philomèle chante !
Et quand j'essaye un luth pour bercer mon chagrin,
Mes sons ne volent pas au-delà de mon sein,
Nul écho ne répond à ma voix impuissante !!!

PÉLISSIER, S.-M.

On en appelle maintenant aux plus insensibles :

Tandis que l'on prend tant de peines, que l'on fait tant de dépenses, pour ne faire donner (au bout du compte) qu'une éducation pitoyable à tant de milliers d'enfants qui entendent et parlent, -- n'est-ce pas *un meurtre universel* commis, . . . dira-t-on, par les magistrats et par le gouvernement? -- Ah ! certes, par eux tous éminemment; -- mais commis aussi par toute la France ! . . . que de négliger 80 à 100,000 infortunés capables de devenir des hommes semblables à ces deux dont on vient de lire les compositions ?

-- *Mais peuvent-ils devenir tous aussi instruits ?*

QUINZE SUR VINGT ; -- et les quatre ou cinq autres comme celui dont on va trouver ci-après une lettre.

Que faut-il pour cela? -- un livre, . . . un seul livre ; . . . UN LIVRE ÉLÉMENTAIRE DE GRAMMAIRE ET DE MORALE, lequel, avant dix ans, réduirait l'éducation de tous les enfants ordinaires (surtout de la dernière classe du peuple) *à ce même livre unique*, et en ferait de bons citoyens en en faisant de bons chrétiens.

Parlé-je ici du mien? -- oui et non : -- *non*, parce qu'il sera médiocre, . . . ou pitoyable, si vous voulez; -- *oui*, parce que si jamais on en achève un médiocre, jamais il n'en existera de moins mauvais, de meilleur, ni enfin de parfait.

Un livre. . . . UN LIVRE UNIQUE, ... pour les pauvres S.-M.! qui ne peuvent point, comme tous les autres enfants, perdre six à huit années.

Un jeune homme n'a rien fait au collége; qu'importe (pour ainsi dire)? -- pour peu qu'il ait du sang dans les veines, il deviendra un homme, s'il le veut.

Mais il n'en est pas de même des pauvres S.-M. : avant l'école, ils ne savent rien, moins que rien; -- et si leur instruction a été négligée, s'ils ne savent pas lire, et bien comprendre au moins un livre, à compter de leur sortie de l'institution, ils ne font plus qu'oublier. . . . . OUBLIER TOUT. -- Comprenez-vous *oublier tout*? -- Non, je vous le dis en vérité, vous ne le comprenez pas.

L'on verra bien, au reste, ceux qui comprennent un peu, qui sentent un peu; ceux qui ont encore quelques sentiments de foi, ou quelques restes d'entrailles : L'ON CONNAITRA LES ARBRES A LEURS FRUITS.

Lettre d'un autre Sourd-Muet.

Nîmes le 22 novembre 1835.

MONSIEUR :

Je suis sourd-muet, ex-professeur à l'école de Lyon. J'ai pleuré de joie en lisant votre livre, et en voyant l'intérêt que vous prenez à mes *semblables malheureux*. Vous faites un grand bien. Les hommes vous doivent beaucoup de reconnaissance, et DIEU vous récompensera infiniment.

M. l'abbé de Tessan* m'a appris que vous fondez une grande école à Marseille et à Aix. Il m'a engagé à vous écrire; car je désire bien professer. Il rendra témoignage de ma bonne conduite, et de mon talent pour enseigner les sourds-muets. — Je vous prie, Monsieur, de me dire si vous pourriez m'employer dans une des écoles que vous avez fondées. Je ferai tout pour me rendre digne de vous et de celui dont vous portez le nom.

Veuillez, je vous prie, me répondre au plustôt.

J'ai l'honneur d'être, etc.

CHELLA, S.-M.

Mon adresse est chez M. Sauttine, grande rue, n.° 3, à Nîmes.

Voilà une lettre fort simple sans doute, mais qui dit certainement tout ce qu'il faut dire. Voilà un S.M. rendu à sa famille et à la société. Eh bien! n'est-il pas de toute justice qu'ils reçoivent tous une semblable éducation?

A Nîmes cependant, l'on avait commencé une école,

* Chanoine de Nîmes, CHANOINE TRÈS-RARE (il faut bien le dire en gémissant), puisqu'il trouve du temps et des secours considérables à consacrer aux S.-M. — *Apparent rari nantes in gurgite vasto!!!*

qui n'existe plus. -- Quelles raisons en donne-t-on ? -- je ne le sais pas encore ; mais je ne crains pas de dire d'avance que c'est évidemment parce que les amis du bien ont été plus faibles et plus lâches que ses ennemis; -- Cela me paraît incontestable.

A l'égard des S.-M. professeurs, beaucoup de personnes croient qu'ils ne peuvent être qu'excellents. -- Ces personnes se trompent.

Quand il existera un livre, et qu'il n'y aura plus qu'à traduire les leçons, qu'à les faire comprendre, les S.-M. pourront être préférables aux parlants, sous le rapport de l'enseignement ; -- mais sous mille autres rapports, l'on a besoin de beaucoup de prudence, de les bien connaître, et de pouvoir toujours les bien comprendre.

Autant un S.-M. *bon sujet*, BON CHRÉTIEN, serait utile dans une école ; -- autant un autre, déjà gâté sous mille rapports, pourrait devenir dangereux.

Des parents qui voudraient faire donner une éducation particulière à leur enfant S.-M., pourraient, je crois, prendre très-avantageusement M. Chella, ... après s'être adressé à M. l'abbé de Tessan, cela va sans le dire.

Ou bien, un ecclésiastique qui voudrait devenir instituteur : — Avec un S.-M. instruit, un homme qui veut fortement, peut devenir un très-bon instituteur ; mais il faut qu'il veuille..... non pas faire de la vanité et du mensonge, — mais faire DU RÉEL.

« *Mon cher Chella*, je ne vous ai pas répondu : (pauvres S.-M. ! et moi aussi je vous oublie ! ...) je vous en demande pardon. -- Il est vrai que je croyais aller plustôt à Nîmes; mais je n'en suis pas moins inexcusable. — J'espère y passer dans un ou deux mois : nous nous embrasserons, comme nous aimant de toute éternité; nous verserons quelques larmes; nous dirons deux ou trois volumes en quelques heures; et vous voilà consolé pour quelques années de tristesse *passées* *, et pour quelques années à venir.

Cependant vous êtes loin d'être malheureux, mon cher Chella : vous avez le bon M. de Tessan, c'est-à-dire un ami, un consolateur et un directeur. Combien d'autres milliers d'infortunés n'ont ni directeur, ni ami, ni consolateur !!! »

— *Mais il me semble que je tâcherais de confesser les S.-M. au moins de ma paroisse : .... je pourrais toujours du moins les connaître, leur serrer la main, leur faire quelques signes enfin.*

— Bons séminaristes ! ne dites rien : écrivez ce que vous vous proposez de faire pour les pauvres S.-M. quand vous serez dans le saint ministère. Mais quand vous serez vicaires, peut-être direz-vous : « je ne suis que *vicaire*, je ne suis RIEN ; » — et lorsque vous serez enfin *curés*, peut-être hélas ! n'aurez-vous pas le temps de songer à ces infortunés.

* Eh bien ! il y a des parents assez barbares pour refuser une semblable consolation à leurs enfants S.-M. — Pourquoi cela ? — parce qu'ils craignent que ces infortunés ne racontent à l'instituteur tout ce qu'on leur fait souffrir. — Insensés ! ne le devine-t-il pas ? — Croyez-vous qu'il songeât à les indigner contre vous ? il les consolerait; il leur assurerait qu'ils sont moins malheureux que tant d'autres; et il leur persuaderait qu'UN DIEU les voit, et les attend pour les combler de joie et de bonheur.

Que si l'on vient vous parler en leur faveur, UNE FOIS TOUS LES 1800 ans, vous voudriez bien, ... mais vous aurez tant d'autres bonnes œuvres! ....

. . . .

Il faut aussi vous rendre justice : peut-être aurez-vous promis 20 fr., et en aurez-vous donné 10.

— *Eh bien! que voulez-vous de plus?*

Oh! rien, ... rien de plus, certainement. — Mais si Monsieur pouvait avoir le temps de jeter un coup-d'œil...... — *sans doute, ... je vous le promets.*

Vous verrez un conseil municipal qui a voté quelques fonds : si vous connaissiez quelqu'un de ces Messieurs, il vous serait peut-être facile d'obtenir qu'il fît une proposition analogue, qui ne serait probablement point rejétée, vu son extrême modicité et les immenses revenus de votre ville.

— *Oh! je connais peu ces Messieurs. — D'ailleurs j'ai tant d'affaires, si vous saviez!*

Je m'en fais quelque idée : mais enfin UNE OU DEUX HEURES pour les S.-M., dans l'espace DE TOUTE UNE VIE de 40, 50, 60 et 80 années!!!

« *Seigneur! Seigneur! encore ce prodige :* » *un saint*, UE SEUL SAINT *pour les pauvres* » *S.-M..... sinon dans chaque ville, au moins* » *dans chaque diocèse!*

Autre lettre.

Voici un homme qui, comme tant d'autres, MARCHE A CÔTÉ DE SA VIE. — On fait de bonnes études; on a une grande facilité, beaucoup d'imagination et une santé de fer; on est propre à tout; on réussit dans tout; mais on est peu favorisé des biens de la fortune.

On commence l'éducation du fils d'un grand seigneur pour faire connaissance avec le monde ; -- mais bientôt on se lasse de la servitude, et l'on fait des cours de langues étrangères, de grammaire générale et de littérature française.

Sur ces entrefaites l'on s'était marié ; mais le choléra arrive, et enlève, sans pitié pour la jeunesse et la beauté, l'objet de ses premières affections.

On est triste, désorienté ; -- et l'on se remarie pour faire donner à une petite ange les soins que réclament si impérieusement son innocence et son malheur.

L'on est deux fois heureux à la grande loterie : certes, deux bonheurs de cette nature peuvent adoucir bien des peines ! -- Une allemande jeune, douce, patiente, pieuse, économe et habile autant que les françaises les plus habiles et les plus économes, est certainement *un vrai trésor*, ... mais il faut un peu de quoi faire valoir tous ces avantages, l'économie et l'habileté ne pouvant guère s'exercer sur le vide.

Or on se trouve dans une ville où l'on ne connaît que les *babords*, les *tribords*, et tous les vents, passés, présents et à venir. -- Il faut avoir franchi *le pont du carré de l'hypoténuse*, c'est-à-dire y être professeur de mathématiques (comme l'estimable M. Eydoux), ou marin (comme les trois quarts de la ville), ou dans l'administration de la marine (comme tout le reste), tout au plus médecin ou chirurgien (comme les Pellicot, Taxil, Layet, etc.), parce que les marins et leurs administrateurs peuvent être malades, et ne sont pas toujours pressés de mourir.

On pourrait sans doute y être négociant, avocat, notaire ou avoué, et y suivre très-honorablement (même de loin) les Emile Gerard, les Pignol, les Flamenq, les Colle, les Hauvel, les Thouron, les Arène, etc. etc.; -- mais il faudrait avoir, non pas de quoi payer son loyer, mais une ou deux maisons à soi, sans parler des terres ni du reste.

Que fera-t-on donc, pour acquitter sa dette envers la patrie et l'humanité, et surtout pour suivre cette vocation de parler et d'écrire par laquelle on est invinciblement poussé?

Connaissant la capitale et plusieurs capitales, on concevra l'espérance d'introduire dans son pays les perfectionnemens dont est susceptible l'éducation des enfants. En conséquence l'on passera *bachelier* ou *licencié*, et l'on ouvrira une modeste école, avec l'autorisation d'un recteur qui aurait pu (comme celui de Nancy) faire quelque chose pour les pauvres S.-M.

L'école s'ouvre et des enfants arrivent : mais de bons petits enfants, qui ne connaissent que les chaloupes et les canots (d'où ils sont tombés vingt fois sans se noyer, tandis que leurs mères étaient à la campagne, * et leurs pères au bout du monde), pourront-ils apprécier le mérite d'un homme qui s'est incarné Racine, Boileau, Corneille, etc. etc., . . . et qui a dévoré et digéré tout son La Harpe? -- Hélas! la plupart des parents eux-

* Lorsque *la faible voix* des pauvres S.-M. se fit entendre à Toulon, la plupart des dames étaient à la campagne. — N'y a-t-il que Mme. la pieuse comtesse de Simony de Broutière qui ait eu quelque connaissance de l'œuvre des S.-M.?...

Ne jugeons point,... voilà la règle; et attendons la fin.

mêmes ne songeront guère à s'informer si le maître de leurs enfants est plus ou moins capable.

Moins heureux que l'honorable M. Jaume, on sera méconnu, et l'on se soutiendra péniblement entre l'*indicatif* et l'*infinitif*, entre les intéressants *gérondifs* et les si poétiques *supins* !

Un pauvre ami des plus malheureux d'entre les pauvres passe dans la même ville; on se trouve avec lui au sermon d'un missionnaire célèbre, qui peut-être aurait pu, sinon prêter sa voix à des infortunés qui n'en ont point, (ce qui eût été par trop *nouveau*, et, APRÈS 18 SIÈCLES, fort prématuré) accuser du moins réception d'un prospectus et d'une lettre en faveur de tous les S.-M. du monde.

On regarde l'ami de l'humanité écouter le sermon : l'on est touché des larmes qui roulent dans ses yeux au souvenir de ces milliards de malheureux condamnés à mourir *sans avoir entendu* UNE SEULE PAROLE DE VIE !... et l'on désire faire sa connaissance.

On parle d'abord des S.-M.; puis des Fénélon, des Rousseau, des de l'Épée, des Sicard,.... et l'on en revient infailliblement aux S.-M.

L'on a des entrailles; et la foi redouble ses efforts pour reprendre le juste empire que la jeunesse et l'irréflexion avaient voulu lui faire perdre. — L'on se fait donc sur-le-champ quelque idée de l'excès de leur misère et de leur faim morale, et le malheur a bientôt pitié de l'infortune.

Un sujet si intéressant, et si fécond pour un homme qui s'est occupé d'idéologie, de métaphysique et du développement des facultés intellectuelles, inspire quelques pages ; on les offre, elles sont acceptées, et l'on s'appelle LIÉNARD, -- *Homme de Lettres* de vocation et de profession, -- mais, pour le moment, marchand de b a ba, d'articles et de pronoms, de génitifs et d'ablatifs, jusqu'à ce que l'occasion se présente ou de rédiger un nouveau *Globe*, -- ou de donner, du fond d'un cabinet, une réputation d'homme de mérite, soit à un pair, soit à un député, soit à quelque autre grand fonctionnaire, -- ou plutôt d'en revenir à faire, dans quelque grande ville, des cours d'Italien, d'Espagnol ou d'Allemand, de Littérature ou de Grammaire générale, à des jeunes gens qui, nés pour se tirer de la foule, sentiront toute l'importance des arts d'écrire et de parler, et tout le prix d'un professeur CAPABLE, CONSCIENTIEUX ET DÉSINTÉRESSÉ, -- quoiqu'il n'ait pas écrit sa lettre (il faut bien le dire) avec tout le talent dont je le crois capable, et que méritaient certainement les infortunés à qui il a bien voulu sacrifier quelques *qui, quæ, quod,* une foule de doux *cujus,* d'aimables *cui,* d'harmonieux *quem, quam, quod,* et de délicieux *quo, quâ, quo.*

Voilà pourtant,... voilà les grands mots, aussi satisfaisants pour l'esprit que pour le cœur, que l'on tâche de graver en nous jusqu'à l'âge de 20 ans, cent mille fois plus profondément que les paroles pleines de grâce et d'amour qui sortaient de la bouche du divin maître !

» *Aimez-vous les uns les autres comme je vous ai aimés.*

» *Pardonnez et l'on vous pardonnera.*

» *Faites,... faites approcher de moi les petits enfants,* -- LES PAUVRES S.-M. SURTOUT. *(N'y a-t-il pas assez long-temps que je vous en conjure ? -- N'y a-t-il pas assez long-temps que mon sang coule sur des milliers d'autels pour tous les S.-M. du monde ?*

» *Donnez et l'on vous donnera ; et l'on répandra dans votre sein une mesure pleine, bien entassée, et qui se répandra par-dessus les bords.*

» *Tout le bien que vous aurez fait aux plus petits et aux plus méprisés d'entre les hommes, je vous le dis en vérité, c'est à moi-même que vous l'aurez fait ; et c'est moi-même qui vous le rendrai au centuple, dans le temps et durant toute l'éternité.*

» *Mon père ! père juste ! conservez tous ceux que vous m'avez donnés, en leur donnant un cœur sensible et compatissant.*

. . . .

. . . .

» *Venez, les bénis de mon père ; venez charitable Lan., V.e Im., et tendre R. de M. ; -- Venez, bon Boutiny ; -- venez S*te*-*VEUVE, *et vous qui avez inspiré ou approuvé sa généreuse pensée, ... et vous tous qui l'avez imitée ; -- venez, chanoine de T. ; -- venez, séminaristes de F...., vous surtout qui avez parlé, et sans qui rien de ce qui a été fait n'eût été fait. -- je vous le dis en vérité : ainsi que la Sainte Veuve vous serez récompensés non seulement pour ce que vous aurez fait, mais encore pour tout ce que vous aurez fait faire, et pour tout ce que feront faire,* JUSQU'A LA DERNIÈRE CONSOMMATION, *ceux que votre exemple et vos paroles auront persuadés.*

» *Venez aussi, personnes pieuses, qui auriez tant désiré pouvoir contribuer à l'œuvre des pauvres S.-M., et qui avez prié pour eux et parlé en leur faveur dans toutes les circonstances.*

» *Venez bon frère M., dont la voix charitable ne fut pas écoutée, mais qui eûtes autant de mérite que si vous eussiez parfaitement réussi. — A vous, les efforts, à moi le succès.*

» *Venez aussi, sainte Au..., quoique vous n'ayez rien fait pour les S.-M.; parce que, si je vous en eusse laissé le temps, vous auriez eu pitié de leur âme; et que, si vos précédentes libéralités ne vous eussent point permis de les traiter comme les heureux enfants de votre charité, vous n'auriez certainement pas refusé aux premiers les miettes qui tombaient de la table des seconds.*

Voici M. Liénard.

Toulon le janvier 1837.

MONSIEUR :

Il y avait à peine quelques jours que j'avais eu l'avantage de vous voir pour la première fois, que déjà je me sentais entraîné vers vous d'une manière irrésistible. Cependant, des espérances trompées, des certitudes même changées en déceptions, tous mes rêves du cœur évanouis,... me préservent depuis long-temps de tout enthousiasme; — et mes sympathies, comme chez tous ceux qui ont beaucoup souffert de leurs sympathies, ne font désormais que suivre l'expérience.

Mais il est quelques hommes, extrêmement rares, qui ont le privilége de convaincre sans discussion, sans examen, et, en quelque sorte, par le seul effet de leur présence. Vous êtes l'un de ces hommes, Monsieur; et c'est ainsi que je m'explique le vif désir que j'ai éprouvé, à votre premier mot, de vous aimer, même sans mieux vous connaître.

La lecture de vos ouvrages m'a fait ensuite comprendre vos convictions, vos espérances et l'emploi de votre vie.

Oh ! Monsieur, votre cœur me taxera ici d'exagération, et protestera contre la vérité; mais il faut que je vous la dise, et que désormais je la répète à chacun : ce que j'éprouve maintenant pour vous, c'est l'étonnement et l'admiration.

Quoi! à une époque où le mouvement ascendant de la civilisation et de la science ne semble produire qu'un certain perfectionnement matériel, dont s'empare le moins grand nombre, — à une époque de *positivisme* d'avidité, où les lumières de l'esprit ne semblent destinées qu'à découvrir un objet de bien-être, et à tracer une route rapide vers la fortune, — où les affections de l'âme se consacrent si rarement à ce qui est grand et généreux, — à une pareille époque, dis-je, vous n'avez subi d'autre influence que celle de la vertu,... vous n'avez eu d'autre ambition que celle de ne jamais vivre pour vous,.... vous n'avez eu de dévouement et d'amour que pour le malheur!!!.... Oh! encore une fois, laissez-moi m'étonner et admirer sans cesse.

Si le mérite littéraire de vos productions ne vous garantissait un nom honorable dans l'avenir,.... et lors même que vous seriez peu jaloux de ce genre de gloire,.... votre souvenir ne s'effacerait point, et on dirait partout, à l'heure où vous irez recevoir votre récompense dans un monde meilleur, ce qu'a dit une femme célèbre : » POUR LUI, LE TEMPLE DE MÉMOIRE EST DANS LE » COEUR DES MALHEUREUX. »

Avant de vous connaître, je m'intéressais peu, je l'avoue, au sort des S.-M. ; mais vos plaintes éloquentes, vos cris de douleur pour leur supplice incessant, ces cris qui partent de vos entrailles, et qui ne peuvent trouver de terme de comparaison que dans l'âme d'une mère désolée, m'ont ému profondément, et m'ont rendu honteux de mon indifférence. Oh! que ne puis-je vous aider à adoucir leur destinée misérable! que ne puis-je remplir, sous votre inspiration, un devoir, qui me paraîtrait si doux, et que l'humanité réclame.

Dans le monde, Monsieur, vous le savez comme moi, l'on ne s'intéresse, en général, qu'aux douleurs qui ont de l'éclat; — quant à celles qui importunent, on les soulage par un sentiment d'égoïsme bien entendu : *on s'en débarrasse.*

Mais le martyre solitaire d'un pauvre S.-M. ne peut trouver d'interprète dans le silence de mort qui l'environne; — les apparences même semblent en détruire la réalité; — et alors qui le soupçonne?.... qui songe à le faire cesser?...

En reconnaissant donc, dès vos premières paroles, votre extrême affection pour ces infortunés, on conçoit vos efforts inouis pour faire comprendre ce martyre, et l'on conçoit aussi le manque d'élan unanime. — Mais les âmes aimantes viennent à vous dès le premier appel : de toutes parts, des échos de sympathie répondent à votre voix, s'unissent à votre œuvre; et je ne doute pas que, d'ici à un temps plus ou moins rapproché, vous ne parveniez à l'accomplir.

Il est d'autres hommes qui ne sont point doués de cette sensibilité vive qui entraîne soudainement vers tout ce qui souffre, et chez lesquels, pour que la compassion se manifeste, une sorte de démonstration est nécessaire. — Mais, ayez-en l'espérance, ils viendront aussi à vous; car comment ne sentiraient-ils pas, en lisant vos ouvrages, que le S.-M. est un malheureux très à plaindre?

On vante aujourd'hui partout les bienfaits de l'éducation : — partout des efforts et des sacrifices s'effectuent, pour que l'homme ignorant comprenne sa place et son concours dans le progrès social; — partout on veut améliorer son cœur, et augmenter son bien-être, en éclairant son intelligence : — on reconnaît donc bien (quoiqu'un grand écrivain ait soutenu le pitoyable paradoxe « que l'homme qui raisonne est un animal dé» pravé,... que c'est la réflexion qui tue, etc. etc. ») On reconnaît, dis-je, que l'abrutissement intellectuel est la plus grande plaie de toute société humaine; — que de là résultent nécessairement les passions les plus désordonnées, les excès les plus nuisibles, dans les appétits de la nature; — on reconnaît que les plus nombreux malheurs de l'homme *sans culture*, n'ont pas d'autre cause que *son manque de culture*; — que son indigence, quand il ne peut plus agir, vient de là, — et que les idées religieuses elles-mêmes ne peuvent germer et devenir fécondes, dans l'être moral, que sous la condition expresse d'un certain développement.*

Si l'on trouve donc que ce sont là des vérités évidentes,.... si l'on emploie tous les moyens imaginables pour en convaincre le peuple et les hommes de cœur qui souffrent de ses souffrances**, si, en d'autres termes, on reconnaît qu'un homme qui parle et qui entend, végètera jusqu'à sa mort dans une sorte d'abjection et d'immoralité, lorsqu'on n'agrandira pas le cercle de ses facultés intellectuelles,... que doit-on penser d'un S.-M. également privé de toute éducation?

Et je ne fais pas cette question aux personnes bonnes et compatissantes : je la fais à celles qui

* Je pense... *d'un grand et solide développement.*

** En connaissez-vous beaucoup? — Je parie qu'il n'y en ait pas cent en France, qui aient le cœur de dire : « je » souffre des souffrances du peuple, et je suis prêt à faire « *telle chose* pour les adoucir. »

Vous calomniez la France, et la nature humaine.

On peut dire tout ce que l'on voudra; mais TROUVEZ-LES.

Trouvez-en seulement dix qui soient touchés du sort des malheureux S.-M.

sont peu sensibles, mais qui pourtant n'ont pas étouffé tout sentiment de pitié; je leur demande si l'âme d'un S.-M., ainsi délaissée, ne doit pas être DANS LES TORTURES? *

Le malheureux ne se voit environné que de témoins muets et silencieux comme lui : — jamais.... JAMAIS! aucune communication entre son être et la nature extérieure ; — jamais les accents d'une voix qui le console, d'une voix amie, n'arrivent à son âme sombre et désespérée; — Pour lui jamais d'intervalle dans le supplice ; — pour lui, jamais un sentiment de bonheur mêlé à des sentiments de souffrances, comme dans la vie de ses frères ; — sa vie à lui, sa vie morale, n'est comparable à aucune autre vie : — il n'y trouve qu'une réalité : ... *la douleur* ; ..... et toujours.... TOUJOURS LA DOULEUR!!!

Stupide, misérable et désolé;... ne voyant que des masses dans l'immensité de la création; rien ne lui en révèle le mystérieux organisateur; — et sous l'impression de cette sorte d'anéantissement moral, il lui est *presque impossible* de comprendre que sa vie d'abandon, n'est pourtant qu'une épreuve, — et qu'avec

* Et quelles tortures!... Et pendant combien de temps? — Durant 365 fois 24 fois 60 minutes par année?

son tombeau, s'ouvrira aussi pour lui la véritable patrie.* *(Voyez page 79.)*

Si l'on voulait maintenant s'arrêter à des considérations secondaires, combien ne serait-il point facile de prouver que les S.-M. sont privés de presque toutes les choses qui peuvent distraire, intéresser les autres hommes, et surtout adoucir leurs peines. — Ainsi, pour ne citer qu'un exemple entre mille : ne sont-ils pas toujours privés du charme des sons mélodiques?... de cette langue indéfinissable qui, aux malheureux, semble venir d'un séjour plus pur que la terre,.... qui pénètre l'âme soit heureuse ou souffrante, d'une ineffable joie, et lui fait comme pressentir son prochain affranchissement? — N'est-ce rien qu'une telle privation? — et sans admettre, avec quelques enthousiastes, que la musique est le seul bonheur de ce monde que nous emporterons dans le ciel, ne doit-on pas la considérer comme infiniment pénible?

Objectera-t-on que l'on ne peut souffrir de ce que l'on ne connaît pas, et que les S.-M., vivant totalement étrangers au plaisir que cause la musique, ne peuvent en avoir l'idée, et par conséquent en regretter la privation?

D'abord il n'est pas vrai pour tous qu'ils soient étrangers à l'idée de ce plaisir : car la plupart n'ont pas été frappés en naissant de leur cruelle infirmité; et dès lors, ils ont pu connaître et sentir ce plaisir, — ce plaisir, hélas! qui n'existera jamais plus pour eux! *

Mais, dans l'hypothèse la plus favorable à l'objection, — en admettant qu'aucun S.-M. n'a connu la musique avant son malheur, — en admettant même (ce qui n'est vrai que dans la proportion de cinq à cent) qu'ils sont tous S.-M. *de naissance*, — n'est-il pas vrai que ces malheureux ont des yeux comme nous?..... que ceux mêmes qui vé-

* Le jeune Pélissier, dont on a lu les lettres et les vers, entendit et parla comme tous les autres jusqu'à 3 ou 4 ans. — Après le cruel accident qui le priva de l'ouïe, sa pieuse mère le conduisit à l'église. La première chose qui frappa ce cher enfant, ce fut le silence profond qui régnait autour de lui, quoique tout le reste se passât d'ailleurs comme il en avait été témoin auparavant.

« Eh bien! ma mère, dit-il, l'on ne chante donc plus? » personne ne dit plus rien? — Et cet homme, en chaire » pourquoi fait-il comme s'il parlait? »

Quelles questions pour cette mère vraiment tendre! et combien de mille autres de ce genre! « Ma mère, vous ne » me dites plus rien : avant ma maladie, vous me parliez » toujours : à peine étiez-vous éveillée que vous m'appeliez;... vous me disiez cent choses. — Maintenant vous » ne me dites plus rien; vous ne me regardez plus qu'en » pleurant. — Je n'ai rien fait cependant; j'ai été sage : ma mère! ma bonne mère! oh! parlez-moi donc un peu. »

Mais que dire?... que dire? quand on songe qu'il y aura des femmes, DES MÈRES!... qui liront ces lignes sans les sentir! sans se mettre en peine de cent autres mères, en France, et de plusieurs millions d'autres mères, dans le monde entier, condamnées à la même douleur, à la même torture!!!

gètent dans les plus obscurs villages, voient presque tous les jours un homme ou plusieurs hommes, agitant leurs doigts sur un objet (dont j'accorderai qu'ils n'ont qu'une idée très-confuse)…. et dès lors ne reconnaissent-ils pas que ce mouvement impressionne agréablement ceux qui entourent ces hommes en action? Et cette observation si simple, qu'à coup sûr pas un ne manque de faire, ne les conduit-elle pas immédiatement et nécessairement à la triste réflexion que voici : « ces » gens-là sont heureux par une faculté qui me » manque ; je suis organisé d'une manière incom- » plète; voilà pourquoi, malgré mes efforts, je » suis toujours solitaire dans toute société; — » *ma société*, à moi, *c'est l'abandon*, C'EST LE » MALHEUR; etc. etc. * »

Mais passons à un fait d'un ordre plus élevé : on remarque, en observant ces infortunés, qu'à chaque instant ils éprouvent le douloureux besoin de se servir du moyen que possèdent les autres hommes ; — qu'à chaque instant l'ardent désir de la parole se manifeste en eux, et vient, pour ainsi dire, expirer sur leurs lèvres inhabiles.

Que l'on observe, dans ces moments-là, leurs contractions musculaires, leurs cris sourds et informes, l'anxiété si expressive de leurs regards,

* Eh! pour faire ces réflexions, ont-ils besoin d'attendre la musique? — Ne les font-ils pas tous les jours et à toute heure?… (*Voyez pag.* 18 *et* 19)

la rapidité de leurs gestes, etc. : ah! cette gêne continuelle, ces évidentes entraves montrent d'une manière bien incontestable le supplice incessant de leur âme.

Mais veut-on une preuve plus tristement concluante de ce supplice de toutes leurs heures? — Le S.-M. n'a pas la moindre idée des rapports qui l'unissent à sa famille : la voix même de sa mère lui est inconnue : cette voix d'amour, qui adoucirait tant ses autres maux, ne fait pas une fois, *pas une seule fois!*.... tressaillir son cœur! — Hélas! oui, le S.-M. ne connaît pas sa mère;....... sa mère vivante, sa mère tendre, qui ne le quitte pas d'un instant!... Non, il ne la connaît pas, il ne pourra jamais la connaître. Oh! quel affreux malheur dans cette seule privation!.... Quelle destinée misérable!... l'infortuné ne connaît pas sa mère! — Son esprit engourdi ignore complètement les liens mystérieux qui unissent son existence à la sienne! — Il aime sans doute cette femme bonne, empressée et aimante comme lui; sans doute qu'il lui est reconnaissant de sa douceur, de sa patience, de ses soins; mais il ne la distingue que par le plus ou le moins, des autres personnes qui lui font aussi du bien, qui lui montrent de l'attachement.

En vain cette mère désolée, poussée sans cesse par un besoin d'instinct, lui prodigue les plus vifs témoignages d'affection,... * en vain ses ca-

* Qu'il s'en faut que toutes les mères soient de cette na-

resses cherchent-elles à développer l'intelligence de son enfant;... le malheureux ne comprend point, il ne peut comprendre. Et ce grand bonheur, partage de tous, depuis la naissance jusqu'à la mort, n'est pas pour lui dans ce monde. *Il a vécu sans le sentir une seule heure*, IL MOURRA SANS LE SENTIR!!!

Et des hommes qui professent, je ne dirai pas *des sentiments charitables*, mais seulement d'honneur et de justice, pourraient mettre en question le sort affreux des S.-M.? — Ils demanderaient de sang-froid, ils demanderaient sans rougir de cette insulte au malheur, s'ils sont réellement à plaindre? — Oh! non, Monsieur, il n'y en a point de ces hommes; et quiconque a vu un seul S.-M. en est convaincu. *

D'ailleurs si je me trompais, si quelques personnes étaient assez insensibles, assez malheu-

ture! — Il y en a au moins LA MOITIÉ qui n'aiment pas leurs enfants S.-M. — Pourquoi cela? — parce qu'aucune des personnes qui les connaissent n'a l'humanité de les faire rougir de leur *monstruosité*, en témoignant quelque intérêt aux innocentes créatures qu'elles n'ont mises au monde que pour les martyriser.

* Hélas! si le nombre des personnes qui sentent un peu combien les S.-M. sont à plaindre, était seulement le dixième du nombre de celles qui ne veulent ni le sentir, ni s'en occuper le moins du monde,.... qu'ils seraient bientôt tous secourus et soulagés!

reuses, pour n'être pas convaincues de tant de souffrances, et du devoir de les adoucir par quelques légers sacrifices, elles finiront par venir aussi à vous. Oui, Monsieur, n'en doutez pas, elles viendront à vous. Les obstacles que vous pouvez rencontrer pour secourir ces chers enfants de votre adoption cèderont à vos instances; * et la douleur qu'ils vous causent, ainsi que la généreuse opiniâtreté que vous mettez à implorer la pitié publique pour ceux qui ne peuvent implorer personne,... associeront d'une manière plus tou-

* *Des obstacles*!... tant mieux! CELUI qui les souffre saura bien les faire fondre comme de la cire quand il lui plaira. — DES OBSTACLES! DES OBSTACLES!... voilà ce qu'il faut. — Si les saints n'en eussent jamais éprouvé aucun, pensez-vous qu'ils eussent dit et fait tant de choses? — Et s'il est nécessaire de révéler l'excès de la misère humaine, de révéler les forfaits de l'indifférence et de l'égoïsme,... ne faut-il pas que des obstacles m'y contraignent?

Sans doute il vaudrait beaucoup mieux que l'on entendît la voix de la justice et de l'humanité, et surtout LA VOIX DU SANG DE J.-C. — Mais si l'on ne veut pas l'entendre, faudra-t-il se condamner à un lâche silence?

Les S.-M. souffrent : ils souffrent tous les jours, et à toutes les heures et à tous les instants du jour. -- Si je ne puis l'ignorer, si je le sais, si je le vois, si je le sens,... (quoique bien peu, relativement) puis-je me dispenser de le dire, et de signaler tous ceux qui contribuent à leur supplice, en ne faisant rien pour les empêcher de souffrir?

chante votre nom déjà si beau à ceux des DE L'ÉPÉE et des SICARD. *

Oh ! si tous les instituteurs de S.-M., médiocres ou capables, étaient inspirés par vos maximes ; — si tous consentaient à ne plus vivre que de sacrifices et de privations ; — s'ils entreprenaient avec votre zèle, avec votre enthousiasme, cet apostolat de la vertu ; — si, comme vous, ils voulaient être pauvres et errants,... prêchant partout l'amour des S.-M. ... tendant à tous ces malheureux une main paternelle, — bientôt on n'en trouverait plus, non seulement en France, mais dans tout pays civilisé, qui n'eussent reçu le bienfait immense d'une éducation morale et religieuse ; il n'y en aurait plus qui ne fussent capables de com-

* Un grand nom ! un beau nom ! Et si celui qui l'a porté brûle,.... et brûle durant toute l'éternité !.... combien de fois pense-t-on qu'il maudisse son nom si grand et si beau ?

SAINT PIERRE,... SAINT PAUL,... tous les martyrs ! — voilà des noms grands comme le monde, et plus grands que le monde, puisqu'ils font incessamment frémir l'enfer et tressaillir le Ciel.

Séminaristes de F. ! le martyre,.... le martyre !... « JE » VOUS AI DONNÉ L'EXEMPLE, afin que, vous souvenant de » ce que j'ai fait, vous le fassiez vous-mêmes. »

« Le disciple est-il plus que le maître ? »

Regardons notre modèle : *nu et crucifié.* — *Nu* d'abord,... et de plus *crucifié.*

Nu intérieurement ? — Au milieu de toutes les commodités extérieures et corporelles de la vie ?

Je vous le demande.

muniquer toutes leurs pensées au moyen de la langue écrite.

Déjà toutefois, et pendant vingt années d'un dévouement exclusif, vous avez beaucoup fait pour eux : mais votre nouveau projet est le plus grand service qu'on pouvait leur rendre en ce monde, puisqu'il les mettra en communication d'âme et de cœur avec Dieu ; — avec Dieu, dont la pensée leur est si nécessaire !

Oui, Monsieur, par le livre de prières, que vous allez faire imprimer à leur usage *exclusif*, * le premier de ce genre qui ait été entrepris pour eux, vous commencerez en quelque sorte leur seconde vie; et ce témoignage d'une affection que je ne puis comparer à aucune autre, sera votre plus beau titre à la sympathie des hommes de bien, comme il vous sera, pour ces malheureux consolés, un gage d'impérissable reconnaissance. — Ainsi du moins, du lieu de l'exil, ils apercevront la patrie; et du fond de cette vallée de misère et de larmes, ils verront le magnifique séjour du repos, du bonheur et de l'immortalité.

Depuis que le développement intellectuel et moral des S.-M. n'est plus un problème à résoudre,... depuis que les de l'Épée et les Sicard y

* Loin d'être à l'usage exclusif des S.-M., j'espère, au contraire, qu'il deviendra le premier livre de prières de tous les enfants de toutes les classes de la société, — et le livre unique des femmes et des enfants du peuple, toute leur vie.

ont consacré les découvertes de leur génie, on a dû sentir l'immense lacune que laissait dans leur système d'éducation le manque d'un pareil livre. — Mais l'esprit humain ne procède que d'une manière progressive, et c'était à vos talents et à votre piété tendre et compatissante qu'était réservée cette réalisation.

Un livre dont l'impression doit différer essentiellement de celle de tous les autres, et que vous ne pouvez rendre intelligible aux infortunés qui l'attendent que par un très-grand nombre de gravures, exige nécessairement une somme considérable; et c'est ce qui explique comment, après avoir consacré votre fortune toute entière à la création et à la gestion de plusieurs écoles de S.-M., vous vous êtes trouvé dans l'impuissance de couronner votre œuvre.

Le gouvernement *(Voy. la 2.e note après cette lettre)* qui sans doute a dû apprécier depuis longtemps et vos talents et vos sacrifices, s'honorerait dans cette circonstance, s'il vous fournissait les moyens matériels de réussite que refuse à votre véritable philantropie votre noble médiocrité.

Pourquoi aussi de grands écrivains, pourquoi des hommes comme CHATEAUBRIANT, LAMARTINE, LAVIGNE, etc., ne sont-ils pas inspirés par un sujet aussi profondément pathétique? Une aussi grande infortune devrait pourtant avoir droit aux sublimes accents de leur muse, et alors la voix du malheur, empruntant le prestige du génie, pénètrerait toutes les âmes; le concours serait immense, et chaque admirateur voudrait être bienfaisant.

Mais au reste, au moyen du mode de PRÊT imaginé par la généreuse dame dont vous avez fait imprimer la lettre, vous atteindrez bientôt le but de vos efforts. — Cherchez surtout à faire parvenir partout et lire vos ouvrages : car à moins d'avoir un cœur dénaturé, on ne résistera pas à une pareille lecture. Vos plaintes, vos réflexions, la brûlante énergie avec laquelle vous peignez les tourments des pauvres S.-M., ... tout cela est irrésistible, tout cela déchire l'âme et l'attire à vous.

D'un autre-côté, les personnes qui assistent à vos séances publiques, en sortent bien convaincues d'une chose, à laquelle malheureusement on ne pense point dans le monde, c'est-à-dire, DE LA NÉCESSITÉ D'AMÉLIORER LA POSITION DE TANT D'HOMMES, ET QUI SONT RÉELLEMENT SI INNOCENTS DE LEUR PROFONDE INFORTUNE. — Dès-lors ces personnes ne manqueront pas de saisir avec empressement une occasion où, sans nuire à leurs intérêts, il leur sera si facile de contribuer à un bien immense. — Je dis *sans nuire à leurs intérêts*; car, comme le remarque fort bien la respectable *Veuve* qui a eu cette ingénieuse et profonde pensée, CE LIVRE DE PRIÈRES POUR LES S.-M., si impatiemment attendu par tous ces malheureux, de France, d'Europe, d'Asie et d'Amérique, trouvera un placement assuré, et vous mettra à même, dans un laps de temps plus ou moins rapproché, de rendre les sommes minimes que l'on vous aura prêtées.

Ce qui ne peut d'ailleurs laisser aucun doute sur le succès de votre entreprise, c'est le grand nombre de personnes recommandables qui vous ont déjà donné leur signature, et qui, par leur haute position sociale, non seulement exerceront une heureuse influence sur la détermination publique, mais seront encore comme un garant de plus de votre haute moralité, pour les personnes qui n'auraient point entendu parler de vous.

Mais que dis-je? L'ABBÉ SICARD, cet homme extraordinaire, le plus moral et le plus vertueux peut-être de toute son époque, ne vous a-t-il pas revêtu de son caractère, en vous choisissant, parmi tous ses disciples, pour continuer sa grande et belle mission DE LA RÉGÉNÉRATION INTELLECTUELLE, CIVILE, MORALE ET RELIGIEUSE DE TOUS LES S.-M. DU MONDE? — Et lorsque vous vous nommez, quelque part que vous puissiez être, pouvez-vous inspirer d'autres sentiments que ceux de l'amour des hommes, du respect et de la plus entière confiance.

Heureux quant à moi, Monsieur, si ces quelques lignes, que je n'ai pu faire passer par le prestige de votre éloquence, mais qui sont sorties de mon cœur, font naître quelques sentiments d'une touchante sympathie! — Heureux si vous y reconnaissez l'expression de mon inaltérable amitié et de ma sincère admiration.

LIÉNARD, *homme de lettres.*

(*Note de la page* 68.)

Presqu'impossible!.... quoi! il a été impossible à tous les savants, passés, présents et à venir (RÉUNIS) de comprendre qu'un S.-M. *est privé de l'ouïe*, qu'il n'entend point, qu'il n'entend jamais! -- A l'exception des abbés Sicard et de l'Épée, et de l'incomparable évêque CHAMPION DE CICÉ (le seul qui *devina* que l'abbé de l'Epée mourrait) pas un seul homme ne s'est douté que la privation de l'ouïe et de la parole est le plus grand de tous les malheurs possibles et imaginables! -- Et vous voulez qu'il soit possible à un malheureux S.-M., qui ne sait RIEN, qui ignore TOUT, -- qui tombe des nues la première fois qu'on lui enseigne que *chacun a son nom* dans le monde, et *qu'il a un nom propre*, comme tous les autres hommes, -- qui ne peut revenir de sa surprise, lorsqu'il apprend que son père et sa mère sont unis par un lien indissoluble, qu'ils ont confondu leur fortune, etc. etc. -- Vous voulez, dis-je, que cet infortuné, réduit à lui seul, refoulé, comprimé, toujours dans un état de souffrance et de torture, DEVINE ce que les Socrate et les Platon ont à peine deviné!!!

Voilà pourtant où l'on en est au dix-neuvième siècle perfectionné! Il n'y a pas un savant qui ne pense comme l'auteur de cette lettre. -- Ce qui, au reste, est d'autant moins étonnant que, parmi les hommes sans contredit les plus graves et les plus réfléchis, il y en a beaucoup qui croient et qui soutiennent non seulement qu'un

S.-M. peut connaître DIEU, mais encore qu'il peut avoir une connaissance suffisante de J.-C.

J.-C. !.... Un homme qu'il voit *crucifié !*... supposer qu'il est LA TOUTE-PUISSANCE INCARNÉE!

D'abord, la faiblesse même, avoir une idée de la toute-puissance !.... et puis, la supposer dans un homme crucifié ! ! !

Eh! les S.-M. que les circonstances ont mis à même de faire quelques réflexions, peuvent-ils penser autre chose, sinon que celui qu'ils voient ainsi martyrisé, doit avoir été un plus grand scélérat que tous ceux que l'on se borne à punir de mort ?

Et CE DIVIN CRUCIFIÉ LUI-MÊME n'a-t-il pas eu l'intention d'être regardé, non pas comme le plus grand scélérat, mais comme l'auteur de tous les crimes possibles et imaginables, passés, présents et à venir, ... afin de les expier tous ?

Mais ce n'est pas tout; on veut encore que les S.-M. comprennent que le fils unique du Dieu vivant, est tout entier, avec sa toute puissance et toutes ses perfections, sous les saintes espèces!

Oui, *mordicùs* : des infortunés qui n'ont que des yeux, (et qui n'ont été dans aucune école) comprennent que l'immensité et la toute-puissance même sont cachées sous une parcelle de pain presque imperceptible! *

* Oh! si le sang de J.-C. s'échappait incessamment par tous les pores de notre corps, lorsque nous avons le bonheur de le recevoir, et surtout de le recevoir souvent, — alors peut-être les effets de bienveillance et d'amour, dont les S.-M. seraient les témoins et l'objet, pourraient leur donner lieu de chercher

Pour eux, la création du monde, -- la chute du premier homme, -- la corruption du genre humain, -- la nécessité d'un rédempteur, -- sa venue, après 4000 ans de prophéties et d'attente, -- ses travaux, ses vertus, ses prodiges, SA DIVINE PAROLE.... (sur laquelle tout est fondé, et sans laquelle nous ne saurions rien de ce que nous savons!...) Tout cela n'est pas nécessaire pour les S.-M. : *l'ignorance la plus profonde et la plus invincible* (pour tout ce qui est moral et religieux) SUPPLÉE A TOUT!!!

Grand Dieu! Tout puissant Jésus! soutenez ma foi à la vue de cet excès de l'irréflexion universelle.

Faites, faites tomber cette note entre les mains d'un homme capable de la lire, ... mais de la lire comme on ne sait plus lire, -- capable de la comprendre UN PEU; -- et qui soit assez ami de la vérité (s'il est forcé de s'avouer à lui-même qu'elle lui a suggéré des milliers

une cause analogue, qu'il suffirait peut-être de signaler à leur admiration et à leur reconnaissance. — Mais *hélas*!... HÉLAS!!!

Et puis, comment osons-nous songer à la divine présence? — Sans doute elle est de foi et de fait, DE FOI ET DE RÉALITÉ; mais en sommes-nous plus excusables de fournir contre elle ce terrible argument? — *C'est au fruit que l'on connaît l'arbre*, c'est-à-dire, a sève qui coule dans son tronc et dans ses branches. Hantez un arbre : mettez la sève d'un figuier dans un cérisier; le cérisier produira des figues. — Si c'est le sang de J.-C. qui coule dans nos veines, le sang de L'AMOUR-MÊME et DE L'AMOUR UNIVERSEL,.... pourquoi sommes-nous de glace à la plus grande de toutes les infortunes? — Pourquoi n'avons-nous à offrir que des paroles d'indifférence et d'égoïsme, tandis que nous devrions avoir DES LARMES DE SANG, ET DU SANG DE J.-C.

de pensées qu'il n'avait jamais eues, -- et s'il se doute des milliers de misères que l'ignorance et l'irréflexion font commettre tous les jours) -- qui soit, dis-je, assez ami de la vérité pour la signaler à tous les séminaires de France et du monde, . . . afin que dans 20, 30 ou 50 années, du moins, l'on n'entende plus nulle part cette hérésie sortie de l'abîme et si souvent répétée, « que les jeunes hommes qui se destinent au sacerdoce, » ont bien autre chose à faire que de s'occuper de ce » qui concerne les S.-M. »

Séminaristes de F., telle n'a pas été la pensée de M. votre supérieur; mais je vous le dis en vérité, il y a des communautés où elle a été et où elle sera peut-être encore long-temps en honneur et en pratique.

(*Note de la page* 76.)

Le gouvernement! . . . . le gouvernement agit en gouvernement : il a un but, et il prend les moyens qu'il croit les plus propres à l'atteindre. -- Que les âmes compatissantes, les âmes chrétiennes surtout, en fassent autant; et qu'elles laissent le gouvernement recueillir ce qu'il aura semé. Ne sera-t-il pas infailliblement, comme tous les hommes, récompensé ou puni, tout juste par où il aura bien ou mal fait ?

-- « Pourquoi ne vous adressez-vous pas au gouvernement ? » me disent plusieurs personnes. Ce qui signifie : « Que m'importe que les S.-M. souffrent ? » n'ai-je point vécu jusqu'à ce jour sans rien faire » pour eux ? --- je pourrai donc mourir de même. »

Je traduis, et je suis fixé.

Si parmi tous ceux qui liront ces lignes, parmi ceux même qui auront eu la générosité (plus ou moins gracieuse) de me donner leur signature, il ne se trouve pas quatre âmes assez humaines pour s'adresser, par elles-mêmes ou par leurs amis, à ce gouvernement (auprès duquel elles auraient cependant d'autant plus de crédit qu'elles seraient plus désintéressées, et que leurs démarches leur feraient même plus d'honneur) afin d'obtenir quelques secours à l'œuvre des S.-M., -- comment pourrais-je espérer de réussir auprès de lui ?

Quoi! je ne réussis pas auprès de vous, qui n'avez qu'une affaire de ce genre, — vous que les honneurs n'ont point endurci, — vous qui, ayant connu moins d'hommes indignes de l'humanité, pouvez encore croire à une sorte de vertu, — et vous voulez que je tâche de réussir auprès des hommes du gouvernement!

Dans une ville qui jouit de quatre ou cinq cent mille francs de revenus, (où l'on compte une trentaine de S.-M., *dont pas un n'a été dans une école*,... qui est exposée en avoir 50 et 100, quand on voudra, DONT UN SEUL, corrompu par des scélérats, pourrait INCENDIER UN ARSENAL TOUT ENTIER ET TOUT CE QUI L'ENVIRONNE!) — dans cette ville, il ne s'est pas trouvé une seule âme qui ait songé à faire faire, par quelque conseiller municipal, une proposition analogue à celle qui fut adoptée à l'unanimité par la ville d'Aix, et qui le serait infailliblement de même, — et vous voulez que je m'adresse au gouvernement ?

Dans aucune des quelques autres villes que j'ai parcourues, il ne s'est encore trouvé personne de capable d'une générosité si inouïe! (qui ne lui aurait coûté tout au plus qu'une visite, ... peut-être même que d'y songer dans telle ou telle rencontre, tel ou tel dîné!) Et vous voulez que je m'adresse au gouvernement?

Séminaristes de F., j'espère qu'il s'en trouvera parmi vous, qui auront la charité dont je parle ici.

Mais hâtez-vous : faites tandis que vous êtes encore au séminaire, ... pendant les vacances, par exemple. Car une fois vicaires, vous ne serez RIEN, comme j'entends dire tous les jours; -- et quand vous serez plus élevés, ... VOYEZ!

-- « Mais croyez-vous qu'on ait le temps de lire votre livre? »

C'est-à-dire : « croyez-vous qu'en 40, 50, 60 ou » 80 années, on puisse trouver *une ou deux heures* » pour tous les S.-M. du monde? »

Il est vrai : eh bien! mettez le comble á votre charité surabondante, en excusant l'extrême indiscrétion de ces infortunés.

Il existe cependant quelques chanoines *de Tessan*; et j'ai connu des pasteurs *de villages* qui m'ont donné jusqu'à cent et même deux cents francs par an, pour des S.-M. pauvres.

Mais au reste il ne s'agit point de DONNER; il s'agit seulement de parvenir à mettre dans l'intérêt des pauvres S.-M. le plus humain des conseillers municipaux d'une ville. -- On lui donne, au besoin, par écrit, la proposition qu'il doit faire; il la fait, on l'adopte, vous avez la bonté de m'en donner avis, et je vous élève au troisième ciel, pour faire comprendre combien la misère humaine est grande,... immense!... et fait crier vengeance au ciel et à la terre.

. . . .

. . . .

Combien de personnes pieuses et bienfaisantes à qui il n'en coûterait qu'une réflexion, qu'un mot pour que leurs pasteurs ou directeurs s'occupassent activement de l'œuvre des S.-M. !

Les plus pauvres mêmes ne pourraient-elles point parvenir à leur faire au moins lire ce passage ?

Quoique la lettre suivante ait été imprimée dans le second prospectus qui vient de paraître, on croit devoir la consigner ici comme une preuve non équivoque des sentiments de charité qui animent le grand séminaire de Fréjus, et du zèle aussi ardent que sincère et réel de celui qui l'a écrite.

La vie et la mort sont au pouvoir de la langue : — combien qui brûleront faute d'avoir parlé en faveur des pauvres S.-M. ! Pour leur avoir impitoyablement refusé quelques-unes de ces milliards de paroles inutiles qui sortent incessamment de leur cœur et de leur bouche !!!

On ne peut qu'espérer que l'on en recevra de semblables de toutes les communautés religieuses qui auront connaissance de cette œuvre. — Et combien ne serait-il pas consolant pour N. S., qu'il s'en trouvât même quelqu'une qui eût à faire, en faveur de ces chères et innocentes créatures, quelqu'autre proposition, propre à augmenter le bien qu'on désire de leur faire, et que la religion, la justice, l'humanité et LE SANG ADORABLE qui, depuis 18 siècles coule tous les jours pour elles sur des milliers d'autels, **RÉCLAMENT SI IMPÉRIEUSEMENT** de toutes les âmes qui ont encore quelques sentiments de foi ou quelques restes d'entrailles !!!

Lettre d'un Séminariste de Fréjus.

Le 1.er décembre 1836.

(Quinze jours après la lettre de l'instituteur.)

MONSIEUR,

J'ai été singulièrement flatté de l'honorable mission dont vous avez daigné me charger. Je me suis hâté de répondre à vos vœux, et j'ai tâché de faire de mon mieux pour seconder l'œuvre admirable que la divine Providence fait reposer sur vous.

Avec l'agrément de M. le Supérieur, j'ai fait circuler dans la communauté les prospectus que vous avez eu la bonté de m'adresser. Tous mes condisciples à-peu-près les ont parcourus, et ont été généralement très-édifiés de la générosité du dévouement qui y éclate à chaque page, à chaque ligne, à chaque mot.

Ce qui surtout les a frappés, et a porté plusieurs d'entre eux à s'imposer quelques privations, à l'effet de contribuer au succès d'une œuvre si chère à l'humanité et à notre sainte Religion, — c'est cette fin ultérieure que vous faites ressortir partout, *d'assurer le salut d'une classe entière de la société*, et pour la réalisation de laquelle on ne vous voit employer tous les autres moyens, que comme des préliminaires indispensables pour y conduire infailliblement.

Oh! que le Seigneur soutienne votre foi,... *votre grande foi!* et la couronne dès ici-bas, pour le bien de tant de pauvres S.-M.!... qui, durant toute l'éternité, béniront celui à la charité de qui ils seront redevables, après LE DIVIN RÉDEMPTEUR, de leur éternelle félicité.

J'ai communiqué à quelques-uns de mes condisciples la lettre si pleine de foi et de sentiments de véritable et solide piété, que vous avez bien voulu m'écrire.

Ils ont été ravis et profondément édifiés du touchant spectacle que vous y renouvelez, d'une âme non seulement amie de l'humanité, mais avant tout et par-dessus tout *chrétienne*, et uniquement *chrétienne*; lorsque surtout vous vous y écriez : « IL S'AGIT DU SALUT DE TOUS LES S.-M. DU MONDE; — POUR QUI L'ON N'A ENCORE RIEN FAIT, RIEN AU MONDE!!! » De telle sorte que j'ai eu la vive satisfaction de voir vraiment pénétrés de la plus profonde vénération pour votre personne, et sincèrement disposés à plaider constamment (et devant DIEU et devant les hommes), la cause de ces pauvres 80,000 infortunés que vous portez dans le plus profond de vos entrailles,.... ceux qui n'ont pu participer autrement à l'œuvre si grande, si admirable et si nécessaire, qui absorbe, depuis tant d'années, toute votre sollicitude.

J'ai reçu en même temps les premières livraisons que m'annonçait votre lettre, et j'ai eu le bonheur de placer tous les exemplaires sur le champ.

Vous savez, Monsieur, combien nous sommes pauvres, en général, et combien de dépenses indispensables nous avons à faire : vous ne serez donc point surpris qu'il y en ait plusieurs qui, avec la meilleure volonté, ne puissent absolument pas économiser 10 francs au bout de l'année; mais tous ceux qui pourront se procurer 5 francs se réuniront de deux en deux, persuadés que vous voudrez bien ne pas le désapprouver. *

Votre envoi étant épuisé, je viens de demander à M. votre cousin, à Brignoles, de nouveaux exemplaires avec d'autres prospectus pour quelques-uns de mes condisciples qui veulent les faire passer chez eux, afin d'étendre la bonne œuvre, etc. etc. **

* Loin de le désapprouver, j'autorise tous les élèves de tous les séminaires (et à plus forte raison tous les vicaires et pasteurs) qui voudront bien prendre *à crédit* un ou deux ou plusieurs exemplaires, — je les autorise, dis-je, à s'en charger, pour m'en faire parvenir le montant quand ils pourront, — dans trois ou quatre ou cinq années, par exemple.

Il me semble qu'il n'y a pas un ecclésiastique, quelque pauvre qu'il soit, qui ne puisse trouver l'occasion de placer deux ou trois exemplaires; — s'il en a la bonne volonté devant Dieu (cela va sans le dire) : car pour ceux qui ne veulent point, *rien de facile*, *rien de possible.*

** *Vient ensuite la liste des Associés du Grand Séminaire; M. le Supérieur, un Direct., deux diac. et vingt autres ecclésiastiques.*

Toulon. — Imprimerie d'Hip. Duplessis Ollivault.

TABLE

DES MATIÈRES

DE CETTE TROISIÈME PARTIE.

Avis Important.

Dans toutes les villes, (même celles déjà désignées) les personnes QUI VOUDRAIENT BIEN AVOIR LA CHARITE de se charger de recevoir la signature des nouveaux associés, sont priées de le faire savoir à M. Pissin-Sicard, A TOULON, rue Neuve, n.° 7 (jusques vers le 15 février); et un ou deux mois après,... A PARIS, place du Palais de Justice, n.° 1.

On peut, par cette seule c[illegible]sance, rendre un très-grand service aux pauvres S.-M. — Il est très-difficile, pour un étranger, de *deviner* les personnes qui seraient disposées à prendre cette peine,... qui, au reste, ne sera pas extraordinaire : il n'y aura jamais foule pour se faire inscrire. — Mais il y a si peu de personnes qui veuillent *s'exposer* à la MOINDRE peine!...

COMBIEN cependant, dont le nom seul ou les fonctions parleraient hautement en faveur de cette œuvre (dans les villes même où ils seraient tout-à-fait inconnus!...) et dont toute la peine consisterait à faire tenir une liste par leur *représentant*, leur secrétaire, commis ou domestique!!!

Autre Avis Essentiel.

Les personnes qui recevront plusieurs *prospectus*, SONT CONJURÉES de considérer qu'il ne leur en coûtera que quelques réflexions, 1.° pour ne les remettre qu'aux âmes les plus bienfaisantes de leur connaissance; — 2.° et pour les recommander d'une manière convenable.

Elles pourront ainsi (TOUT-A-FAIT GRATUITEMENT) procurer aux pauvres S.-M. ou un Ch.ier de B.ny, — ou un jeune P. de F., — ou une R. de M., — ou une famille de B.d, — ou même UNE S.te VEUVE.

MM. les Associés sont aussi conjurés de PROPAGER cette association. — Lorsqu'on a fait le sacrifice proposé, lorsqu'il n'en coûte que QUELQUES MOTS pour contribuer au succès d'une œuvre à laquelle on s'intéresse,..... comment peut-on refuser de lui consacrer encore, de temps en temps, *quelques paroles*? L'on en dit tant d'inutiles, chaque jour!!!

www.ingramcontent.com/pod-product-compliance
Ingram Content Group UK Ltd.
Pitfield, Milton Keynes, MK11 3LW, UK
UKHW021048230726
13926UKWH00004B/1727